101 bewährte TIPPS

Kochen
mit Gemüse

101
bewährte TIPPS

Kochen
mit Gemüse

Rose Elliot

garant

A DORLING KINDERSLEY BOOK

www.dk.com

© der englischen Originalausgabe 1997 by Dorling Kindersley Limited, London
Originaltitel: Cooking with Vegetables
© der deutschen Ausgabe 2007 by **garant** Verlag, Leonberg

ISBN: 978-3-86766-305-2

www.garant-verlag.de

Übersetzung und Herstellung: Maasburg GmbH, München

101
bewährte TIPPS

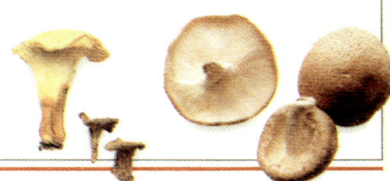

ARBEITS-
TECHNIKEN

1 BEIM EINKAUF BEACHTEN

Kaufen Sie nur Gemüse, dem man die Frische ansieht: knackige Blätter, kräftige Farben. Finger weg von allem, was braune Flecken oder welke, gelblich verfärbte Blätter hat und sich schlapp anfühlt. Je jünger, desto besser – aber „Babys" ergeben oft nicht den vollen Geschmack.

STANGENGEMÜSE
Wählen Sie knackige Stängel, keine welken. Bei Spargel müssen die Köpfe noch geschlossen sein.

WILD WACHSENDE PILZE
Entweder in Fachgeschäften kaufen oder selber sammeln, aber dann von Fachleuten begutachten lassen.

KULTURPILZE
Nur bauchige, feuchte Exemplare kaufen, und verschrumpelte Pilze meiden.

ZWIEBELFAMILIE
Zwiebeln nur kaufen, wenn sie sich hart anfühlen, keine Keime und dunkle oder pudrige Flecken zu sehen sind. Porreestangen sollten fest sein.

KOLBEN UND SAMEN
Bohnen und Erbsen müssen knackig und von kräftiger Farbe, die Blätterhülle von Maiskolben kräftig grün sein.

GRÜNES BLATTGEMÜSE
Die Blätter sollten frisch und kräftig grün, Kohl fest und schwer sein. Auf welke Blätter oder braune Flecken achten.

FRUCHTGEMÜSE
Die Früchte sollten fest und glänzend und kräftig gefärbt sein. Keine mit braunen oder weichen Stellen oder verschrumpelten Schalen nehmen.

WURZELGEMÜSE
Möglichst unverpackt kaufen, und nur feste, schwere Exemplare. Die Blätter daran müssen frisch sein, nicht welk.

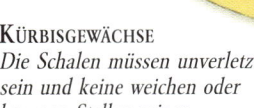

KÜRBISGEWÄCHSE
Die Schalen müssen unverletzt sein und keine weichen oder braunen Stellen zeigen.

KNOLLENGEMÜSE
Alle Knollen sollten sich hart anfühlen, keine Verfärbungen zeigen und die Augen dürfen keine Keime aufweisen.

GEMÜSE IST GESUND
Gemüse enthält viele Vitamine und Nährstoffe, aber kaum Fett und kein Cholesterin. Den größten Nutzen für Ihre Gesundheit bringt frisches Gemüse der Jahreszeit, das nur kurz gekocht wird.

2 GEMÜSE RICHTIG AUFBEWAHREN

Bei Wurzelgemüse die Blätter abschneiden und die Stücke zusammen mit Winterkürbissen bei kühler Raumtemperatur aufbewahren. Kartoffeln in Papiersäcken kühl und dunkel lagern, damit sie nicht keimen. Grünes und weiches Gemüse locker eingewickelt im untersten Fach des Kühlschranks oder im Gemüsefach aufbewahren.

3 GEMÜSE SCHÄLEN

Es ist ratsam, alle Gemüsesorten – mit Ausnahme von Bio-Gemüse – zu schälen, denn Pestizide lagern sich in der Schale ab, und viele Gemüse werden auch noch gewachst, damit sie im Regal des Supermarkts länger halten. Kartoffeln, Auberginen, reife Kürbisse (z. B. Hokkaido-Kürbisse) können mit Schale gekocht werden; das Fruchtfleisch wird dann evtl. aus der Schale herausgelöst.

4 IN WÜRFEL SCHNEIDEN

Würfelig geschnittenes Gemüse wird als Grundlage für Schmorgerichte, roh oder gekocht in Suppen und zum Garnieren verwendet. Um perfekte Würfel zu erhalten, brauchen Sie ein gut geschärftes langes oder kurzes Schneidmesser. Nehmen Sie das Messer fest in die Hand: Alle fünf Finger umfassen den Griff. Mit der anderen Hand halten Sie das Gemüse, während Sie schneiden.

GROB ▷ GEWÜRFELT

FEIN GEWÜRFELT ▽

△ MITTELFEIN GEWÜRFELT

1 Zuerst in dicke oder dünne Scheiben schneiden. Scheiben stapeln und in gleichmäßig dicke Streifen schneiden.

2 Streifen zu Häufchen stapeln und gleichmäßig quer in Würfel der gewünschten Größe schneiden.

5 JULIENNE-STREIFEN

Unter Julienne versteht man streichholzgroße Gemüsestreifen, die schnell und gleichmäßig garen. Sie werden bei Pfannengerührtem oder als Garnierung verwendet. Möhren, weiße Rübchen und Porree werden oft so fein gestiftet.

1 Gemüse schälen und an einer Seite einen dünnen Streifen abschneiden, so dass das Stück flach aufliegt.

2 Quer in 5 cm lange Stücke, danach der Länge nach in dünne, senkrechte Scheiben schneiden.

3 Scheiben aufeinander legen und der Länge nach wiederum in feine oder feinste Streifen schneiden.

6 BLATTGEMÜSE IN STREIFEN SCHNEIDEN

Nicht nur mit Küchenmaschinen, auch mit dem Messer kann man Kohl, Mangold und Spinat in feine Streifen schneiden, die schnell und gleichmäßig garen und auch zum Garnieren verwendet werden.

1 Lösen Sie vom Kohl- oder Salatkopf die Blätter ab, legen Sie Blätter ähnlicher Größe aufeinander und rollen Sie den Blätterstapel fest zusammen.

2 Halten Sie die Rolle mit der einen Hand fest und schneiden Sie mit der anderen Hand und einem scharfen Messer Streifen in der gewünschten Breite.

7 VERFÄRBUNG VERHINDERN

Damit sich Gemüsesorten wie Karotten nicht schon beim Putzen verfärben, säuern Sie kaltes Wasser in einer Schüssel mit 2 Esslöffeln Zitronensaft oder Weißweinessig pro Liter. Putzen Sie das Gemüse mit einem Messer aus Edelstahl und legen Sie es bis zum Kochen in das gesäuerte Wasser.

8 BLANCHIEREN

Vor dem Kochen oder Garen wird Gemüse häufig blanchiert. Dieses kurze Vorgaren macht Wurzelgemüse weich und grüne Gemüsesorten wie Brokkoli oder Spinat behalten dadurch ihre Farbe. Bringen Sie Wasser zum Kochen, legen Sie das Gemüse hinein und bringen Sie so rasch wie möglich das Wasser wieder zum Kochen. Ab diesem Zeitpunkt 1–2 Minuten kochen lassen, dann abgießen, das Gemüse in kaltes Wasser geben, um die Farbe zu fixieren, und noch einmal abgießen.

9 PÜRIEREN

Gemüsepürees braucht man für Mousses, Soufflés und Saucen. Sie werden auch als Beilage oder als Bett für Fisch und aufgeschnittenes Fleisch serviert. Das Gemüse wird zuerst gekocht, gebacken oder gedämpft, dann zerstampft oder im Mixer püriert. Man kann das Püree mit Butter oder Sahne oder kurz vor dem Anrichten mit Kräutern oder Gewürzen (z. B. Muskatnuss) verfeinern.

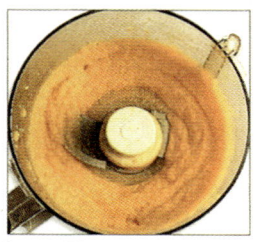

IN DER KÜCHENMASCHINE
Ergibt ein sehr feines Püree, ist aber für stärkehaltiges Gemüse wie Kartoffeln ungeeignet (sie werden klebrig). Faseriges Gemüse wie Sellerie muss dann noch durch ein Sieb gestrichen werden.

STAMPFER
Nehmen Sie einen Stampfer für Kartoffeln und andere stärkehältige Gemüsesorten und pürieren Sie portionsweise, bis die Masse sämig ist. Nach Belieben mit Butter, Sahne oder Milch verfeinern.

PASSIERSIEB
Faserreiche Gemüse wie z. B. Sellerie und Erbsen werden im Passiersieb durch Drehen der Handkurbel püriert und danach noch durchgesiebt, um die restlichen Fasern zu entfernen.

PAPRIKA-TERRINE MIT ZUCKERMAIS

Für 4–6 Personen

ZUTATEN

Butter für das Backblech
4 EL geriebener Parmesan
3 Eier
3 EL Sahne
Salz und Pfeffer
500 g rote Paprikaschoten,
gegrillt, geschält und längs
in Streifen geschnitten
250 g Zuckermais, gekocht
175 g gelbe Paprikaschoten,
gegrillt, geschält und längs
in Streifen geschnitten
Basilikumblätter zum
Garnieren

Pesto

1 Knoblauchzehe
30 g Pinienkerne
30 g Parmesan
6 EL gehacktes Basilikum
75 ml Olivenöl

1 Den Backofen auf 150°C vorheizen. Eine 500 g-Kastenform mit Backpapier auslegen. Mit Butter einfetten und mit 1 EL Parmesan bestreuen.

2 Eier und Sahne mit 2 EL Parmesan verquirlen. Mit Salz und Pfeffer würzen. 3 EL in die Form gießen.

3 Die Hälfte der roten Paprikastreifen in 3 Lagen darauf verteilen; dazwischen Eimischung träufeln.

4 Die Hälfte der Maiskörner darauf verteilen und mit etwas Eimischung beträufeln.

5 Gelbe Paprikastreifen in 2 Lagen daraufgeben und mit etwas Eimischung beträufeln. Schritt 4 und danach Schritt 3 wiederholen. Mit dem Rest der Eimischung übergießen und mit 1 EL Parmesan bestreuen.

6 Im Wasserbad (*siehe unten*) ca. 75 Minuten backen, bis die Terrine fest geworden ist (Zahnstocher-Test!). Auskühlen lassen und stürzen.

7 Die Zutaten für das Pesto im Mixer pürieren und nach Belieben abschmecken.

In Scheiben schneiden und Pesto dazu reichen

TERRINEN

Gemüseterrinen werden im Wasserbad (einer halb mit Wasser gefüllten Bratreine) gebacken. Kleine, möglichst mehrfarbige Gemüsestücke (ohne Kartoffeln) verwenden. Viele Gemüsesorten, z. B. Zucchini, geben beim Kochen Flüssigkeit ab und sollten daher vorher gebacken oder kurz angebraten werden.

11 GEMÜSEBRÜHE

Selbst gemachte Gemüsebrühe (ideal für Suppen und Eintöpfe): In 1¼ l Wasser 1 kg gemischtes Gemüse (Zwiebeln, Sellerie, Möhren), 2 Knoblauchzehen, 2 Lorbeerblätter, 1 Zweig Thymian und 1 EL Pfefferkörner 1 Stunde lang bei kleiner Hitze garen. Brühe durch ein Sieb gießen und abkühlen lassen. In 3 Tagen verbrauchen oder einfrieren.

*Frisches
Gemüse verwenden*

12 SUPPEN

Gemüse ist die Hauptzutat für viele Suppenklassiker wie Minestrone, Gazpacho, französische Zwiebelsuppe, Vichyssoise usw. Gemüsesuppen sind schmackhaft und ideal für Vegetarier, wenn Sie nur Gemüsebrühe dafür verwenden. Viele Gemüsesuppen werden nach dem Garen püriert und mit Sahne zu samtiger Konsistenz verfeinert.

*Gemüsesuppe ist
sehr nahrhaft*

13 BUNTER GEMÜSECURRY

Für 6–8 Personen

ZUTATEN
75 ml Öl
1 Zimtstange
6 Gewürznelken
1¼ kg Kartoffeln, Zwiebeln und Möhren, getrennt in Würfel geschnitten
3 Knoblauchzehen, fein gehackt
1 kg Blumenkohlröschen
500 g grüne Bohnen, halbiert
750 g Tomaten, geschält, entkernt und in Viertel geschnitten
250 g junge Erbsen
450 ml Kokosmilch
Salz
400 g Langkornreis

Currymischung
12 Kardamom-Kapseln
6 getrocknete rote Chilischoten, entkernt
3 EL Korianderkörner
1 EL Kreuzkümmelsamen
½ TL schwarze Senfkörner
2 TL Bockshornkleesamen
2 TL Kurkumapulver
2 TL Ingwerpulver

GEMÜSECURRYS
Fast alle Gemüsesorten eignen sich für Currys. Wählen Sie geeignete Sorten nach Farbe und Festigkeit aus und verkochen Sie sie nicht. Die Stücke sollen gar, aber nicht matschig sein. In der Regel sind Zwiebel und Knoblauch dabei, aber sehr beliebt sind auch Okra, Auberginen, Paprikaschoten und Tomaten.

1 Für die Gewürzmischung die Kardamomkapseln im Mörser zerstoßen und die Samen herausholen. Chilischoten mit Koriander- und Kreuzkümmelsamen in der Pfanne bei mittlerer Hitze 2 Min. rösten. Abkühlen lassen, dann mit den Kardamom-, Senf- und Bockshornkleesamen im Mörser fein zerstoßen. Mit Kurkuma- und Ingwerpulver verrühren.

2 In einem großen Topf das Öl erhitzen, die Zimtstange und Gewürznelken darin 30–60 Sekunden anrösten, bis sie stark duften. Zwiebel und Knoblauch dazugeben und unter Rühren kurz goldgelb anbraten. Die Curry-Gewürzmischung dazugeben und auf kleiner Hitzestufe unter ständigem Rühren 2–3 Minuten dünsten.

3 Alle übrigen Gemüsesorten und Salz dazugeben und unter Rühren 3–5 Minuten dünsten. Kokosmilch dazugeben; zugedeckt 15–20 Min. köcheln lassen, bis das Gemüse gar ist. Inzwischen den Reis kochen und zugedeckt stehen lassen. Zimtstange und Nelken aus dem Curry herausnehmen. Mit Reis servieren.

Mit lockerem Reis sehr heiß servieren

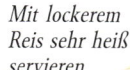

14 THAI-GEMÜSE IM WOK

Für 4 Personen

ZUTATEN

30 g getrocknete Chinapilze
300 g Basmatireis
60 g ungesalzene Erdnüsse
1 rote Paprikaschote, entkernt
3 EL Fischsauce
2 EL Austernsauce
1 TL Speisestärke
1 Stängel Zitronengras, gehackt
3 EL Öl
2 Knoblauchzehen
3 getrocknete rote Chilischoten
500 g Blumenkohlröschen
175 g Sojabohnensprossen
500 g Pak-Choi, in Streifen
geschnitten
175 g Zuckerschoten
Blätter von 3–5 Stielen Basilikum

2   Den Backofen auf 190°C vorheizen. Erdnüsse darin 5–7 Min. rösten, dann hacken. Paprika in Streifen schneiden. Die Fisch- und Austernsauce mit dem Maismehl und dem Zitronengras verrühren. Pilze ausdrücken und in Streifen schneiden.

Bissfest gegartes Gemüse auf duftendem Reis

1   Die Chinapilze 30 Min. in warmem Wasser einweichen. Inzwischen den Reis bissfest garen (10–12 Min.), abgießen, in eine gebutterte Auflaufform geben und mit gebutterter Alufolie abdecken. Nach dem Rösten der Erdnüsse im Backofen auf unterster Hitzestufe warm halten.

3 Im Wok oder einer Pfanne das Öl erhitzen, Knoblauch und Chilischoten darin unter Rühren 30 Sekunden anbraten. Blumenkohl, Paprika, Sojasprossen und Pak-Choi dazugeben und 5 Min. garen. Pilze und Zuckerschoten dazugeben und 3 Min. garen.

4 Basilikum und Saucen-Mix in den Wok geben und 2 Min. unter Rühren weiter garen. Nach Belieben mit mehr Fisch- und Austernsauce abschmecken. Chilischoten herausnehmen. Das Thai-Gemüse im Reisring servieren und mit den gehackten Erdnüssen bestreuen.

Reisring mit feinen Paprikastreifen garnieren

15 PFANNENRÜHREN

Pfannengerührtes Gemüse bleibt knackig und behält seine kräftige Farbe. Für diese Garmethode muss das Gemüse in feine, gleichmäßig große Stücke geschnitten werden, so dass sie im sehr heißen Wok rasch und gleichmäßig garen. Lange Stücke wie Porree und Möhren diagonal schneiden, dicke runde in dünne Scheiben. Erdnuss- oder Rapsöl eignet sich am besten zum Pfannenrühren – aber nur so viel davon verwenden, dass der Boden des Woks knapp damit bedeckt ist.

16 FRITTIEREN

Gemüsestücke wie Kartoffelchips, Zwiebelringe, Brokkoliröschen oder Zucchini- und Auberginenstifte eignen sich gut zum Frittieren. Die meisten davon – außer Wurzel- und Knollengemüse – brauchen dafür einen Backteigüberzug. Zum Ausbacken geschmacksneutrales Öl wie Rapsöl verwenden.

17 GEMÜSETEMPURA
Für 4 Personen

ZUTATEN
1 Ei
125 g gesiebtes Weizenmehl
mit 1 Prise Salz
125 ml lauwarmes Wasser
Erdnussöl zum Frittieren
1 Möhre, in dünnen Streifen
1 rote Zwiebel, in Ringen
125 g Zuckerschoten
125 g Shiitake-Pilze, in dünne
Scheiben geschnitten

Für den Dip
1 EL frische, geriebene Ingwerwurzel
2 EL Mirin (japanischer Süßreislikör)
3 EL helle Sojasauce

Mit dem
Dip servieren

1 Die Zutaten für den Dip verrühren und auf kleine Schälchen verteilen.
2 Für den Backteig Mehl und Salz in eine Schüssel geben, das Ei darüber aufschlagen und mit einer Gabel leicht untermischen. Das Wasser zugießen und glattrühren.
3 Das Öl ca. 8 cm hoch in einen großen Topf füllen und auf 180° C (= wenn ein Würfel altbackenes Brot in 30 Sekunden bräunt) erhitzen. Gemüse durch den Teig ziehen und 3 bis 4 Stücke in das heiße Öl legen.
4 Portionsweise goldbraun frittieren (etwa 1 Minute von jeder Seite), dann mit einem Schaumlöffel herausnehmen. Auf Küchenpapier abtropfen lassen.
5 Das frittierte Gemüse noch warm mit dem Dip servieren.

18 SCHMOREN: APFEL-ROTKOHL

Für 4 Personen

ZUTATEN
30 g Butter
1 EL Erdnussöl
1 große Zwiebel, gehackt
2 große Kochäpfel
750 g Rotkohl, ohne Strunk,
gehobelt oder in feine
Streifen geschnitten
1 Prise Nelkenpulver
½ TL Zimtpulver
60 g Sultaninen
1 EL brauner Zucker
1 EL Rotweinessig
Salz und Pfeffer
1 EL Schnittlauchröllchen

SCHMOREN
Schmoren ist langsames Garen mit wenig Flüssigkeit im geschlossenen Topf – ideal für herzhafte Gemüsesorten wie Sellerie oder Kohl. Die Aromen verbinden sich dabei besonders gut.

1 In einem großen Topf die Butter mit dem Öl bei mäßiger Hitze zerlassen. Die Zwiebel dazugeben und zugedeckt 5 Minuten langsam dünsten.
2 Die Äpfel erst kurz vor dem Kochen (damit sie nicht braun werden) schälen, entkernen, in Stücke schneiden und in den Topf geben. 3 Minuten weiterkochen.
3 Den Rotkohl in den Topf geben und gut umrühren. Etwa 450 ml kaltes Wasser zugießen. Nelken- und Zimtpulver, Sultaninen, Zucker und Essig dazugeben und einrühren. Hitze reduzieren und Rotkohl zugedeckt schmoren lassen, bis er weich ist (ca. 1 Stunde).
4 Abschmecken und sofort servieren.

VARIANTE: ROTKOHL MIT KASTANIEN
Wasser, Zimt, Sultaninen und Zucker weglassen. Dazugeben: 1 Lorbeerblatt, 1 zerdrückte Knoblauchzehe, ½ TL geriebene Muskatnuss, 16–20 geschälte Esskastanien (frisch, aus der Dose oder tiefgekühlt) sowie je 150 ml Rotwein und Gemüsebrühe. Kurz vor dem Anrichten 2 EL Johannisbeergelee einrühren und abschmecken.

Mit Schnittlauchröllchen garnieren

GRÜNES BLATTGEMÜSE

19 GRÜN UND NAHRHAFT

Alle grünen Blattgemüse enthalten die Vitamine C und E, aber auch viel Betacarotin, das der Körper in Vitamin A umwandeln kann. Am besten essen Sie junge, zarte und nur leicht gedünstete Blätter. Insbesondere die grünen Kohlsorten sollten nach dem Kochen noch bissfest und nicht matschig sein.

▷ *Brokkoli gibt es grün, violett oder weiß zu kaufen. Die Röschen getrennt von den Strünken garen (Tipp 20).*

△ *Wirsing hat grüne, krause Blätter und eignet sich gut für Füllungen.*

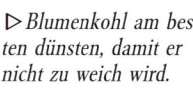

▷ *Blumenkohl am besten dünsten, damit er nicht zu weich wird.*

◁ *Spinat waschen und abgießen, danach tropfnass dünsten.*

20 BROKKOLI ZUBEREITEN

Nur fest geschlossene Köpfe kaufen, solche mit welken Blättern oder gelben Blüten meiden. Vor dem Kochen in Röschen zerteilen.

◁ *Mangold sieht ähnlich aus wie Spinat, doch kann man davon sowohl die Blätter als auch die weißen Stiele essen.*

▽ *Rotkohl wird oft mit Essig, Äpfeln und Zucker gekocht.*

1 Die unteren Stielenden abschneiden, alle größeren, harten Blätter wegwerfen. Mit einem kurzen, scharfen Messer die harte Außenhaut des Stieles bis zum Röschenansatz abschälen.

◁ *Grünkohl gibt es mit krausen und glatten Blättern. Alle Sorten haben einen starken Eigengeschmack.*

2 Jeden Stiel mehrfach spalten, um die Röschen zu trennen. Die Röschen von den Stielen abschneiden. Die Stiele in Scheiben schneiden und extra kochen, denn ihre Garzeit ist länger als die der Röschen.

21 BROKKOLI-CHAMPIGNON-QUICHE
Für 6–8 Personen

ZUTATEN
*250 g Mürbeteig (Fertig-
produkt)
500 g Brokkoliröschen
30 g Butter
2 gehackte Knoblauchzehen
175 g Champignons, blättrig
geschnitten
Salz und Pfeffer
Muskatnuss, gerieben
3 Eier
2 Eigelbe
375 ml Milch
250 ml Schlagsahne
60 g geriebener Parmesan*

1 Den Backofen auf 220° C vorheizen. Den Teig zu einem Kreis von 30 cm Durchmesser ausrollen und eine gefettete Obstkuchenform (25 cm) damit auslegen. Teigboden mehrfach einstechen, dann 15 Min. kalt stellen; mit Alufolie und Trockenbohnen belegen und 15 Min. backen. Folie und Bohnen herausnehmen und 5 Min. weiterbacken.

2 Die Brokkolistiele abschneiden und in dünne Scheiben schneiden. Röschen und Stiele 3–5 Min. bissfest garen. Abgießen, kalt abbrausen und abtropfen lassen. Die Butter in einer Pfanne erhitzen; Knoblauch, Champignons, Salz, Pfeffer und 1 Prise Muskatnuss hineingeben. 5 Min. garen, bis alle Flüssigkeit verdampft ist.

3 Backofen auf 190° C herunterschalten. In einer Schüssel die Eier, Eigelbe, Milch und Sahne mit dem Parmesan, Salz, Pfeffer und 1 Prise Muskatnuss verquirlen. Champignons auf dem Boden verteilen, die Brokkoliröschen obenauf. Mit der Eiermilch beträufeln und in 30–35 Min. goldgelb backen, bis die Masse fest ist.

22 BLUMENKOHL VORBEREITEN

Blumenkohl kann man im Ganzen, halbiert, geviertelt oder in Röschen zerteilt kochen. Auch wenn Sie ihn in Wasser im Ganzen kochen oder dämpfen, müssen Sie die dicken äußeren Blätter sowie den Strunk und den Stilansatz vorher entfernen.

1 Die äußeren Blätter rundherum und den Strunk mit einem Messer abschneiden.

2 Den Blumenkohl zuerst mit dem Messer teilen, dann Röschen abschneiden.

23 GEMÜSE-ALLERLEI

Für 2 oder 4 Personen (Haupt- oder Vorspeise)

ZUTATEN
2 EL Olivenöl
2 Fenchelknollen, in dünnen Scheiben
1 Zwiebel, gehackt
2 Knoblauchzehen, gehackt
500 g Tomaten, geschält und gehackt
1 EL Korianderpulver
Röschen von ½ mittelgroßen Blumenkohl
125 g grüne Bohnen
125 g Champignons, halbiert
Salz und Pfeffer
2-3 EL gehackte Petersilie

1 Das Öl in einem großen Topf erhitzen. Fenchel, Zwiebel und Knoblauch dazugeben und zugedeckt 5 Min. kochen. Tomaten und Koriander einrühren. Alles 20 Min. garen, bis das Gemüse weich und die Flüssigkeit verdunstet ist.
2 Inzwischen den Blumenkohl und die Bohnen in einen Topf geben und kochend heißes Wasser dazugießen (1 cm hoch). Zugedeckt in 3–4 Min. weich kochen. Abgießen, kalt abbrausen und gründlich abtropfen lassen.
3 Die Champignons zum Fenchel geben und 4 Min. dünsten. Bohnen und Blumenkohl dazugeben. Abschmecken. Mit Petersilie bestreut warm oder kalt servieren.

24 ROSENKOHL PUTZEN

Nur kleine, fest geschlossene Röschen mit kräftig grüner Färbung kaufen. Den Strunk mit einem scharfen Messer kürzen und die äußeren Blätter entfernen. Den Strunk kreuzweise einschneiden, damit die Röschen gleichmäßig durchgegart werden. In Wasser oder Dampf garen, bis sie weich sind (Garprobe mit einer Messerspitze). Nicht zu lange kochen, sonst zerfallen sie.

25 ESSKASTANIEN PUTZEN

Esskastanien sind eine klassische Beilage zu Kohlgerichten. Bei frischen Kastanien die Schale mit der Spitze eines kurzen, scharfen Messers einritzen. In einen Topf geben, mit Wasser bedeckt zum Kochen bringen und 15–20 Min. kochen, bis sich die Schale löst. Kastanien nach und nach herausnehmen und noch heiß schälen. Wenn sie sich schlecht schälen lassen, noch ein paar Minuten weiterkochen.

Mit scharfem Messer schälen

26 WIE MAN KOHLKÖPFE FÜLLT

Vorsichtig 10 äußere Blätter von einem 1,4 kg schweren Wirsing ablösen, in kochendem Salzwasser 1 Min. blanchieren, dann in eine Schüssel mit kaltem Wasser legen. Abtropfen lassen und trocken tupfen; die dicke Mittelrippe der Blätter ausschneiden. Eine große Schüssel mit einem feuchten Geschirrtuch auslegen, Blätter überlappend hineinlegen und ca. 5 cm Überstand über dem Schüsselrand stehen lassen. Ein Blatt auf den Boden der Schüssel legen.

DIE FORM MODELLIEREN
Die Blätter überlappend mit dem Stielansatz nach oben so aufeinander legen, dass die Form des Kohlkopfs nachgebildet wird.

27 WIRSING MIT KASTANIENFÜLLUNG

Für 6 Personen

ZUTATEN

1 kg frische Esskastanien, geschält (Tipp 25)
1 Wirsingkopf ohne Strunk und äußere
Blätter, in Streifen geschnitten
60 g Butter
125 g Schweinefleisch in Stücken
1 Zwiebel, gehackt
2 Stangen Staudensellerie, in dünne
Ringe geschnitten
abgeriebene Schale von 1 Zitrone
½ Bund Petersilie, fein gehackt
10 Salbeiblätter, fein gehackt
2 Scheiben Weißbrot, zerzupft
Salz und Pfeffer
2 Eier, verquirlt

1 Die Kastanien in Wasser weich kochen, dann in ein Sieb abgießen und hacken. Den Wirsing blanchieren, abgießen und trocken tupfen. Die Butter in einer Pfanne zerlassen und den Wirsing darin in 7–8 Min. weich dünsten. In eine große Schüssel füllen.

2 Das Schweinefleisch und die Zwiebel in der Küchenmaschine fein hacken, dann mit dem Sellerie in die Pfanne geben und ca. 5–7 Min. braten, bis das Schweinefleisch bräunt. Kastanien, Zitronenschale, Petersilie, Salbei, Brotstücke, Salz und Pfeffer zum Wirsing geben, ebenso den Schweinefleisch-Mix, und alles kräftig durchmischen. Die verquirlten Eier einrühren.

3 Die Füllmasse in den Blätterrand *(Tipp 26)* löffeln und festdrücken; darüber die Blätter einschlagen. Die Tuchzipfel zusammenlegen und mit Küchengarn knapp oberhalb der Blätter so abbinden, dass eine Kugel entsteht. Die Kugel in einen großen Topf mit kochendem Wasser legen und zugedeckt 50–60 Min. kochen (Gartest). Abgießen. Mit Tomatensauce *(Tipp 36)* servieren.

28 MANGOLD PUTZEN

Die Stiele des Mangolds kann man ebenso essen wie die Blätter, muss sie aber getrennt kochen, weil die Garzeiten verschieden lang sind.

1 Mit einem großen, scharfen Messer die Wurzel abschneiden. Harte Blätter und Stiele entfernen. Blätter abschneiden und beiseite stellen.

2 Mit einem Gemüseschäler von den Stielen die faserige Haut abschälen (siehe Abb. 1 oben). Stiele in 1 cm dicke Scheiben schneiden.

29 MANGOLD-CRÊPES

Für 6 Personen

ZUTATEN
125 g Mehl, gesiebt
½ TL Salz
3 Eier
250 ml Milch
3–4 EL Öl

Füllung
750 g vorbereiteter Mangold (Tipp 28)
30 g Butter und Butter für die Pfanne
2 Knoblauchzehen, fein gehackt
3 Schalotten, fein gehackt
90 g Ziegenkäse, zerkrümelt
125 g Schafskäse (Feta), zerkrümelt
Salz und Pfeffer

Sahnesauce
280 ml Milch
30 g Butter
2 EL Mehl
125 ml Schlagsahne
1 Prise Muskatnuss, gemahlen
30 g Greyezer Käse, gerieben

Goldgelbe
Käsekruste

1 Für den Teig die Eier mit Mehl, Salz und 125 ml Milch verquirlen. 30 Min. stehen lassen; die restlichen 125 ml Milch einrühren. 1 EL Öl in einer Pfanne erhitzen. Etwas Teig hineingeben und die Pfanne vorsichtig drehen, bis der Boden mit Teig bedeckt ist. Crêpe goldbraun backen, dann wenden. 12 Crêpes backen.

2 Die Mangoldblätter 2–3 Min. blanchieren, dann hacken. In einer Pfanne die Butter erhitzen; Knoblauch und Schalotten darin glasig dünsten. Mangoldstiele dazugeben und weich dünsten. Mangoldblätter dazugeben und 2–3 Min. dünsten. Die Pfanne vom Herd nehmen. Käse dazugeben.

3 Den Backofen auf 180° C vorheizen. Für die Sauce die Milch kurz aufkochen. Die Butter in einem Topf zerlassen, das Mehl einrühren und 1 Min. kochen lassen. Topf vom Herd nehmen und die heiße Milch einrühren. Topf wieder erhitzen und rühren, bis die Sauce dick wird. Sahne und Muskatnuss dazugeben. Noch 2 Min. köcheln lassen.

4 Zwei Häufchen Mangoldfüllung auf eine Crêpehälfte setzen. Die andere Hälfte darüberklappen, dann noch einmal in der Mitte falten. Das Crêpe-Dreieck in eine gefettete Auflaufform legen. Die übrigen Crêpes ebenso füllen, in die Form legen, mit der Sauce übergießen und mit Käse bestreuen. In 20–25 Min. goldbraun backen. Heiß servieren.

30 SPINAT KOCHEN

Dickere Stiele entfernen, die Blätter waschen und tropfnass in einen Topf geben. Bei starker Hitze zugedeckt dünsten, bis die Blätter zusammenfallen. Umrühren, zudecken und 1–2 Min. weiterkochen, bis alle Blätter weich sind. Vor der Weiterverwendung gut ausdrücken.

Blatt in der Mitte falten und Stiel herausreißen

31 SPINAT-TIMBALES

Für 10 Personen

ZUTATEN
1,4 kg Blattspinat
60 g Butter, in Stücken
250 ml Schlagsahne
4 Eier
2 Eigelbe
1 Prise Muskatnuss, gemahlen
1 Prise Cayennepfeffer
Salz und Pfeffer

Buttersauce
3 EL Weißweinessig
3 EL trockener Weißwein
2 Schalotten, fein gehackt
240 g Butter, in Stücken

AUSKLEIDEN DER TIMBALES
Die Blätter so in die gefetteten Timbales (90 ml) legen, dass sie über den Rand hängen.

DIE TIMBALES GESTÜRZT MIT BUTTERSAUCE SERVIEREN

1 Den Backofen auf 190° C vorheizen. 30 Spinatblätter 30 Sekunden blanchieren, dann in Eiswasser legen. 10 eingefettete Förmchen damit auskleiden (*links*).
2 Den übrigen Spinat kochen *(Tipp 30)* und hacken. Die Butter in einer Pfanne zergehen lassen. Spinat 3 Min. darin dünsten. Schlagsahne dazugeben und auskühlen lassen. Eier, Eigelbe und Gewürze einrühren. In die Timbales füllen und mit gebutterter Alufolie abdecken. In ein bis zur halben Höhe mit kochendem Wasser gefülltes tiefes Kuchenblech stellen und 12–15 Min. backen.
3 Für die Sauce die Schalotten im Essig und Wein glasig kochen. Die Butter nach und nach unterrühren. Unter Rühren kurz aufkochen, dann durchsieben.

32 SPINATROULADE
Für 6 Personen (Hauptspeise)

ZUTATEN
500 g junger Spinat
15 g Butter
4 Eier
Salz und Pfeffer
Muskatnuss, gemahlen
4 EL geriebener Parmesan
250 g Frischkäse
1 EL Milch
1 rote Paprikaschote, gegrillt, geschält
und in Streifen geschnitten

1 Den Backofen auf 200° C vorheizen. Ein Backblech (36 x 24 cm) mit hohem Rand mit Backpapier auslegen.
2 Den Spinat kochen *(Tipp 30)*. Im Mixer mit der Butter und den Eigelben fein hacken. Mit Salz, Pfeffer und Muskatnuss würzen.
3 Die Eiweiße zu steifem Schnee schlagen und mit einem Löffel aus Metall unter die Spinatmischung ziehen. In das Backblech gießen und die Oberfläche glatt streichen. Mit 2 EL Parmesan bestreuen.
4 Backen (12–15 Min.), bis die Masse anfängt, fest zu werden. Den restlichen Parmesan auf ein großes Stück Backpapier streuen und die Roulade darauf stürzen. Backpapier befeuchten und rasch von der Oberfläche abziehen.
5 Den Frischkäse mit der Milch verrühren und gleichmäßig auf die Roulade streichen; Paprikastreifen darauf verteilen. Roulade von der kurzen Seite her aufrollen. Mit gelber oder roter Paprikasauce *(Tipp 93)* servieren.

33 DÄMPFEN: SO BLEIBEN DIE VITAMINE ERHALTEN

Beim Garen in Wasserdampf (nicht zu lange!) bleiben die Nährstoffe des Gemüses erhalten. Verwenden Sie dafür einen Dämpfeinsatz aus Metall oder Bambus und legen Sie nur eine Lage Gemüse hinein; stellen Sie ihn auf einen Topf mit kochendem Wasser und schließen Sie den Deckel. Bissfest garen.

DECKEL MUSS GENAU PASSEN

FRUCHT-GEMÜSE

34 VERSCHIEDENE SORTEN

Alle Sorten sind reich an Vitamin C, am meisten aber die rotschaligen wie rote Paprikaschoten und Tomaten, die auch große Mengen Betacarotin enthalten.

◁ *Grüne Tomaten sind unreife rote Tomaten. Sie werden oft für Chutneys verwendet.*

△ *Avocados verleihen Suppen und Gebackenem einen leicht nussigen Geschmack.*

△ *Milde Chilischoten können wie Paprika gekocht und gefüllt werden.*

▷ *Eiertomaten sind fleischig, daher ideal für Suppen und Saucen.*

▷ *Jalapeno-Chilischoten sind mittelscharf und gut für Chilisaucen geeignet.*

▽ *Grüne Paprikaschoten sind unreife rote Paprikaschoten und lassen sich gut füllen.*

▽ *Gelber Paprika hat einen süßlichen Geschmack, vor allem, wenn er gegrillt und gehäutet ist.*

△ *Roter Paprika ist süßer als der unreife grüne.*

△ *Auberginen (Eierfrüchte) gibt es groß und oval oder klein und rund.*

35 TOMATEN SCHÄLEN UND ENTKERNEN

Oft werden Tomaten geschält und entkernt, bevor man sie hackt, damit sie zerkochen, oder in der Küchenmaschine oder im Mixer püriert.

1 Den Stielansatz jeder Tomate mit einem spitzen Messer herausschneiden, dann die Tomate umdrehen und die Schale kreuzweise einritzen.

2 Die Tomaten in kochend heißem Wasser 30 Sekunde überbrühen, bis die Schale aufplatzt. Sofort herausnehmen.

3 Sobald die Tomaten kühl genug sind, die Schale abziehen. Die Tomaten quer aufschneiden und die Kerne entfernen.

36 TOMATENSAUCE
Ergibt 300 ml

ZUTATEN
1 EL Olivenöl
1 kleine Zwiebel, fein gehackt
1 Knoblauchzehe, fein gehackt
1 kg reife Tomaten
Meersalz

1 Das Öl in einem großen Topf bei mäßiger Hitze erwärmen. Zwiebel und Knoblauch hineingeben und zugedeckt dünsten, bis beides weich, aber nicht braun ist (ca. 4 Min.)
2 Die Tomaten dazugeben und die Hitze reduzieren. Zugedeckt kochen, bis die

Tomaten zerkocht sind (ca. 15 Min.). Vom Herd nehmen.
3 Tomaten in der Küchenmaschine oder im Mixer pürieren. Durch ein Sieb streichen, in die Pfanne zurückgeben und mit dem Meersalz würzen. Vor dem Anrichten langsam erhitzen oder kalt servieren.

37 PAPRIKA PUTZEN

Stielansatz, Rippen und Kerne müssen bei Gemüsepaprika vor der Zubereitung immer entfernt werden. Man kann die Schoten vorher grillen und die Haut abziehen oder zuerst halbieren und grillen, um die Haut zu verkohlen. Auch Chilischoten werden meist entkernt, denn die Kerne und Stielansätze sind am schärfsten.

VORSICHT BEI CHILIS
Chilis gibt es von mild bis extrascharf. Die Kerne sind am schärfsten, also evtl. entkernen. Nach dem Putzen von Chilis Hände gründlich waschen.

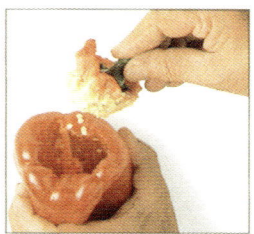

1 Mit einem Gemüsemesser kreisförmig um den Stielansatz herum schneiden und den Stiel herausdrehen.

2 Schote in Hälften schneiden und entkernen. Die weißen Rippen im Inneren herausschneiden.

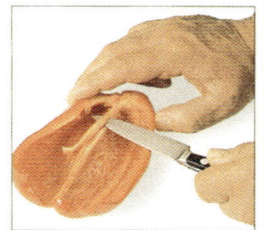

38 WIE MAN PAPRIKA GRILLT

Das Grillen verstärkt den Geschmack der Paprikaschoten und erleichtert das Abziehen der Haut. Die Schoten 10–12 Min. auf oder unter dem heißen Grill rösten, bis die Haut schwarz und blasig ist, dann in eine Plastiktüte geben, verschließen und auskühlen lassen. Haut mit einem scharfen Messer abziehen und die Schote unter kaltem Wasser waschen.

DIE HAUT ABZIEHEN

39 GEFÜLLTES GEMÜSE

Viele Gemüsesorten, wie Paprikaschoten, Tomaten, Auberginen und Kürbisse, ergeben natürliche Gefäße. Sie werden meist zuerst gefüllt und dann mit der Füllung gebacken oder gegrillt. Nicht zu prall füllen, damit die Hülle beim Garen nicht platzt, und – wenn nötig – kurz vorgaren (z. B. Auberginenhälften). Man kann die Füllung auch getrennt garen und vor dem Anrichten löffelweise in die vorgegarte Hülle einfüllen.

Paprikaschoten füllen

40 GEFÜLLTE PAPRIKA
Für 4 Personen

ZUTATEN
2 rote und 2 gelbe Paprikaschoten
2 Auberginen, fein gewürfelt
1 Zwiebel, in Ringe geschnitten
Olivenöl zum Bepinseln
4 Tomaten, geviertelt
8 frische Basilikumblätter, in Stücke gezupft
1 EL Balsamessig
Salz und Pfeffer

1 Paprikaschoten putzen *(Tipp 37)*, grillen und Haut abziehen *(Tipp 38)*.
2 Auberginen- und Zwiebelringe in die Grillschale legen, mit Öl bepinseln und grillen, bis sie weich sind. Ab und zu wenden. Tomatenviertel dazugeben und weitere 3–5 Min. grillen.
3 Paprikahälften in eine gefettete Auflaufform legen. Die Füllung mit Basilikum bestreuen, mit Essig beträufeln, würzen und Schoten damit füllen. Mit Alufolie abgedeckt unter dem Grill erhitzen.

41 TOMATEN MIT KRÄUTERFÜLLUNG
Für 4 Personen

ZUTATEN
1 Schalotte, fein gehackt
3 EL Petersilie, fein gehackt
1 TL Thymian, fein gehackt
60 g Semmelbrösel
2 EL Olivenöl
4 Fleischtomaten
Salz und Pfeffer

1 Den Backofen auf 180° C vorheizen. Für die Füllung Schalotte, Petersilie, Thymian, Brösel und Olivenöl gut durchmischen.
2 Oberseite der Tomaten als Deckel abschneiden und beiseite stellen. Tomaten aushöhlen, innen salzen und pfeffern, füllen und mit Deckel in eine gefettete Auflaufform stellen.
3 Tomaten im Backofen ca. 15 Min. backen, bis sie durch und durch heiß sind, aber ihre Form noch behalten. Heiß oder kalt servieren.

42 AUBERGINENPÜREE

3 große Auberginen (Eierfrüchte) putzen, mit Öl bepinseln und 20 Min. grillen; die Haut abziehen. Auberginen mit 1 Knoblauchzehe, 3 EL Zitronensaft, Meersalz und 150 ml Olivenöl im Mixer pürieren. Als Dip mit Pitabrot servieren.

1 Aubergine der Länge nach halbieren, Stielansatz wegschneiden.

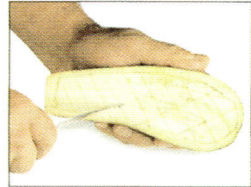

2 Ca. 8 mm vom Rand entfernt einschneiden; das Fruchtfleisch einritzen.

43 GEFÜLLTE BABY-AUBERGINEN
Für 4 Personen

ZUTATEN
6 Baby-Auberginen, längs halbiert, mit Stielansatz dran
1 EL Olivenöl
1 mittelgroße Zwiebel, gehackt
1 Knoblauchzehe, gehackt
125 g Champignons, grob gehackt
2 mittelgroße Tomaten, würfelig geschnitten
1 EL glatte Petersilie, gehackt
30 g Pinienkerne
Salz und Pfeffer

1 Den Backofen auf 180° C vorheizen.
2 Die Auberginen in kochendem Wasser 3–4 Minuten blanchieren, abgießen und abkühlen lassen. Auberginenhälften aushöhlen, dabei Rand stehen lassen, Fruchtfleisch hacken; in eine gefettete Auflaufform legen.
3 Öl in einem Topf erhitzen, Zwiebel darin 5 Min. anbraten. Gehacktes Fruchtfleisch, Knoblauch und Champignons dazugeben und 5 Min. anbraten. Vom Herd nehmen, Tomaten und Petersilie einrühren und kräftig würzen. Füllung auf die Auberginenhälften verteilen und mit Pinienkernen bestreuen. 15 Minuten im Backofen braten.

Gefüllte Auberginen kann man heiß, warm oder kalt servieren.

HÜLSENFRÜCHTE & MAIS

44 KOLBEN, SCHOTEN & SAMEN

Alle hier gezeigten Gemüsesorten enthalten reichlich Kohlenhydrate und Ballaststoffe, aber auch Betacarotin (Vitamin A) und Vitamin C. Trockenbohnen und -erbsen sind (wie alle Hülsenfrüchte) bei Vegetariern als Eiweißlieferanten hoch geschätzt.

▷ *Stangen- oder Kletterbohnen sind jung am besten. Fäden vor dem Kochen abziehen.*

▷ *Prinzessbohnen sind besonders zart und schmackhaft und haben keine Fäden.*

◁ *Zuckermais muss ganz frisch verzehrt werden, bevor der Zucker zu Stärke umgewandelt wird.*

◁ *Gartenerbsen schmecken am besten, wenn sie jung und frisch gepflückt sind.*

△ *Zuckerschoten werden im Ganzen pfannengerührt oder im Dampf gegart.*

▽ *Okra wird häufig zum Eindicken von Gumbos und Schmorgerichten verwendet.*

◁ *Dicke Bohnen haben einen erdigen Geschmack und ergeben deftige Suppen und Pürees.*

45 DICKE BOHNEN HÄUTEN

Die Haut ist bei jungen dicken Bohnen weich und essbar, aber bei älteren Bohnen wird sie hart und ungenießbar. Um sie zu entfernen, die Bohnen längs aufschlitzen. Die andere Seite zusammenzwicken und die Bohne herausdrücken. Bereits gekochte Bohnen einfach aus der Haut drücken.

AUS DER HAUT DRÜCKEN

46 GEMÜSETRIO-TERRINE

Für 6 Personen

ZUTATEN
Butter für die Form
trockener Parmesan, fein geriebem
250 g gehackte Möhren
250 g Steckrüben, gehackt
300 g dicke Bohnen
45 g Butter
3 EL Sahne
3 Eier
Salz und Pfeffer
6 EL gehackter Kerbel

1 Den Backofen auf 160° C vorheizen. Eine 500 g Kastenform mit Backpapier auskleiden. Einfetten und mit Parmesan bestreuen.

2 In 3 Töpfen Wasser zum Kochen bringen: Möhren und Steckrüben getrennt weich kochen (ca. 10–12 Min.), dann abgießen. Im dritten Topf die Bohnen weich kochen (5 Min.), dann abgießen. Die abgekühlten Bohnen häuten *(Tipp 45)*.

3 Im Mixer die Möhren mit je 1/3 der Butter und Sahne sowie mit 1 Ei pürieren. Püree in eine Schüssel geben, salzen und pfeffern. Ebenso die Steckrüben und Bohnen pürieren, aber die 3 Pürees getrennt halten.

4 Das Möhrenpüree in die Form geben und mit 3 EL Kerbel bestreuen. Das Bohnenpüree darauf geben und mit den restlichen 3 EL Kerbel bestreuen. Zuletzt das Steckrübenpüree einfüllen und glatt streichen.

5 Terrine im Wasserbad ca. 75 Min. backen, bis die Oberfläche fest wird und ein in der Mitte eingestochener Zahnstocher sauber herauskommt. Abkühlen lassen und stürzen.

*Terrine mit frischer Tomatensauce (*Tipp 36) *servieren.*

47 MAISKÖRNER VOM KOLBEN LÖSEN

Von ganzen Maiskolben zuerst die Hüllblätter abziehen und abschneiden. Die Seidenfäden entfernen. Die Körner können ganz vom Kolben heruntergeschnitten werden. Den Maiskolben schräg auf ein Schneidbrett stellen und die Körner mit einem scharfen Messer von der Spitze abwärts abschneiden. Über einer Schüssel das restliche Körnerfleisch mit dem Messerrücken abschaben.

Ganze Körner abschneiden

48 MAISKUCHEN
Für 8 Personen

ZUTATEN
2 Maiskolben ohne Hüllblätter
150 g Polenta (feines Maismehl)
125 g Weizenmehl
50 g Zucker
1 EL Backpulver
1 TL Salz
2 Eier
60 g zerlassene Butter + Extramenge
für den Bräter und zum Bestreichen
250 ml Milch

1 Das Backrohr auf 220° C vorheizen. Die Maiskörner vom Kolben lösen *(Tipp 47)*.
2 Polenta und Weizenmehl, Zucker, Backpulver und Salz in eine große Schüssel sieben und in die Mitte eine Mulde drücken. Maiskörner in die Mulde geben.
3 In einer Schüssel die Eier, zerlassene Butter und Milch kräftig vermischen.
4 Drei Viertel der Milch in die Mulde gießen. Vorsichtig rühren, bis alle trockenen Zutaten gut durchfeuchtet sind. Restliche Milch dazugeben und alles zu einem glatten Teig verrühren.
5 Den Teig in eine schwere, gebutterte Form füllen. Oberfläche mit reichlich zerlassener Butter bestreichen. Im Backofen 20–25 Min. backen, bis der Kuchen sich von den Seiten löst (Zahnstochertest). Herausnehmen. Noch warm servieren, eventuell mit Butter dazu.

49 MIT OKRA KOCHEN

Oka enthält einen klebrigen Saft, der beim Aufschneiden der Schoten austritt und durch seine Gelatine-ähnliche Konsistenz Gerichte wie Gumbo eindicken hilft. Wenn Sie nichts Glitschiges mögen, sollten Sie die Schoten im Ganzen kochen und nicht vorher aufschneiden.

ROHE OKRA

50 PASTA PRIMAVERA

Für 4 Personen (als Hauptspeise)

ZUTATEN
175 g ausgelöste dicke Bohnen, frisch oder tiefgekühlt
30 g Butter
125 g grüne Bohnen
125 g Zuckerschoten
250 g Bandnudeln
(z. B. Tagliatelle)
2 EL gehackte Petersilie
1 EL gehackter Dill
1 EL gehackter Schnittlauch
Salz und Pfeffer

1 Dicke Bohnen in kochendem Wasser in etwa 2 Min. weich kochen, in ein Sieb gießen, etwas abkühlen und häuten *(Tipp 45)*. Mit der Butter in einen Topf geben und beiseite stellen.

2 Die grünen Bohnen 3–4 Min. in kochendem Wasser bissfest garen. Abgießen und in den Topf mit den dicken Bohnen geben.

3 Zuckerschoten 1 Min. in kochendem Wasser blanchieren. Abgießen und zum übrigen Gemüse geben. Topf auf den Herd stellen und das Gemüse bei mäßiger Hitze in der Butter anwärmen.

4 Salzwasser in einem großen Topf zum Sieden bringen. Die Nudeln hineingeben, umrühren und bissfest garen.

5 Die Nudeln abgießen, dann wieder in den Topf geben. Das Gemüse und die Kräuter dazugeben, salzen und pfeffern. Gut durchmischen.

Sofort auf vorgewärmten Tellern servieren.

51 ERBSENSUPPE
Für 4–6 Personen

ZUTATEN
750 g junge Erbsen (mit Hülsen)
30 g Butter
6 Schalotten, fein gehackt
¾ l Gemüsebrühe (Tipp 11)
1 TL Zucker
Salz und Pfeffer
1 kleiner Kopfsalat, in Streifen
geschnitten
6 Stiele frische Pfefferminze
125 ml Schlagsahne
Saft von 1 Zitrone

1 Die Erbsen auslösen; es sollten etwa 275 g sein. In einem Topf die Schalotten in zerlassener Butter bei mäßiger Hitze goldgelb anbraten (2–3 Min.). Die Erbsen dazugeben. Brühe, Zucker, Salz und Pfeffer einrühren und aufkochen lassen. Zugedeckt 12–20 Min. köcheln lassen, bis die Erbsen fast weich sind. Salat- und die in dünne Streifen geschnittenen Pfefferminzblätter (ein paar ganze Blätter zum Garnieren beiseite stellen) dazugeben und zugedeckt noch 5 Min. köcheln lassen.

2 Die Suppe im Mixer pürieren und wieder in den Topf geben. 90 ml der Schlagsahne (Rest zum Verzieren verwenden) und den Zitronensaft einrühren. Kurz aufkochen und mit Salz und Pfeffer abschmecken. Auf vorgewärmte Suppenschalen verteilen. Mit einem Teelöffel einen Kreis von Schlagsahnetropfen auf die Suppe träufeln, dann eine Messerspitze durch die Tropfen ziehen und so einen Ring aus Herzen bilden. Mit Salatstreifen und den restlichen Minzestreifen garnieren.

ZWIEBELN & CO

52 VERSCHIEDENE ZWIEBELSORTEN

Die Zwiebel und ihre Verwandten gehören zu den Lauchgewächsen. Sie sind als Geschmackszutat sehr beliebt, aber auch als gute Quelle für Vitamin E und Selen – beides sind wichtige antioxidative Nährstoffe. Schalotten und Knoblauch werden wegen ihres unverwechselbaren Geschmacks geschätzt. Durch Kochen wird Knoblauch ganz mild.

▷ Weiße Zwiebeln sind mild und gut für Füllungen und Schmortöpfe.

△ Frühlingszwiebeln sind ideal für Pfannengerührtes, weil sie schnell gar sind.

◁ Schalotten geben Suppen, Currys und Pfannengerührtem einen kräftigen Geschmack.

Rote Zwiebeln ▷ können mild oder scharf sein – je nach Art.

△ Knoblauch ist am besten, wenn er frisch, jung und saftig ist.

▽ Gelbe Zwiebeln sind wegen ihres starken Aromas für herzhafte Gerichte wie Rinderschmortöpfe geeignet.

◁ Lauch (Porree) ist das mildeste Zwiebelgewächs. Er kann allein, mit einer Käse- oder Buttersauce, aber auch mit einer Vinaigrette serviert werden.

53 LAUCH PUTZEN

Wenn Lauch im Ganzen gekocht wird, muss vorher aller Sand zwischen den Blättern entfernt werden. Das untere Ende und alle harten äußeren Blätter wegschneiden, obere Blattenden kürzen. Die Stange auf ein Schneidbrett legen und mit einem scharfen Messer der Länge nach mehrfach einschneiden; dann am unteren Ende fassen und kräftig in einer Schüssel mit kaltem Wasser schwenken, damit sich der Schmutz löst. Gut trocknen.

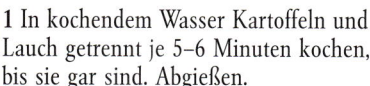

Von der Spitze etwa bis zur halben Länge aufschlitzen.

54 LAUCHPÄCKCHEN

Ergibt 8 Päckchen

ZUTATEN
500 g fest kochende Kartoffeln, würfelig geschnitten
350 g Lauch, in feine Ringe geschnitten
150 ml Sahne
2 EL gehackte Petersilie
Salz und Pfeffer
8 Blätter Fillo- oder Yufkateig (Fertigprodukt; möglichst viereckige Blätter)
zerlassene Butter zum Bestreichen

1 In kochendem Wasser Kartoffeln und Lauch getrennt je 5–6 Minuten kochen, bis sie gar sind. Abgießen.
2 Gemüse in eine Schüssel geben; nach und nach die Sahne einrühren; die Mischung darf nicht flüssig werden. Petersilie dazugeben, würzen und gut durchmischen.
3 Den Backofen auf 200° C vorheizen. Ein Blatt Fillo- oder Yufkateig der Länge nach halbieren und die Hälften kreuzförmig aufeinander legen. Ein Achtel der Füllung in die Mitte setzen und die 4 Seiten nach innen einschlagen. Das Päckchen mit zerlassener Butter bestreichen und auf ein Backblech legen. Acht Päckchen machen.
4 Die Päckchen backen, bis sie goldbraun und knusprig sind. Nach 20 Min. umdrehen und 10–15 Min. weiterbacken. Mit einem Lauchstreifen zusammenbinden. Sofort servieren.

55 LAUCH-QUICHE MIT SESAM

Für 4–6 Personen

ZUTATEN

175 g Mürbeteig (Fertigprodukt)
Mehl für die Arbeitsplatte
30 g Butter und Butter für die Backform
280 g Lauch, in Ringe geschnitten
2 EL Sesamkörner
3 Eigelbe
200 ml Sahne
Salz und Pfeffer

*Quiche wie
eine Torte teilen*

1 Den Mürbeteig auf einer leicht bemehlten Arbeitsfläche ausrollen und eine gefettete Obstkuchenform (20 cm) damit auskleiden. Den Teigboden und Rand mit Alufolie und Trockenbohnen belegen und blind backen *(Tipp 21)*. Folie und Bohnen herausnehmen.
2 Die Butter in einer Bratpfanne zergehen lassen. Den Lauch darin bei mittlerer Hitze in ca. 15 Minuten zugedeckt weich dünsten, ab und zu umrühren. Wenn der Lauch sehr viel Flüssigkeit abgibt, den Deckel abnehmen, stärker erhitzen und Wasser verdampfen lassen.

3 Die Eigelbe und Sahne in einer kleinen Schüssel verquirlen und kräftig würzen. In einem kleinen Topf bei geringer Hitze unter ständigem Rühren mit einem Holzlöffel köcheln lassen, bis die Masse eindickt und auf dem Löffel einen Überzug bildet.
4 Den Backofen auf 160° C vorheizen. Den Lauch im Teigrand verteilen und mit der Eiersahne übergießen. Sesamkörner darüber streuen und die Quiche 25–30 Min. backen, bis die Oberfläche fest und goldbraun ist. Herausnehmen und noch warm servieren.

56 ZWIEBEL SCHNEIDEN

Zwiebel putzen, Wurzel abschneiden, dann vom Stielansatz zur Wurzel in 2 Hälften schneiden. Die Schnittfläche auf ein Brett legen. Von der Wurzel zur Spitze hin in dicke oder dünne Scheiben schneiden, aber die Wurzel ganz lassen. Nun die Zwiebel um 90° drehen und wiederum in Scheiben schneiden.

*Vom Stiel zur
Wurzel hin längs
schneiden*

57 FRANZÖSISCHE ZWIEBELSUPPE

Für 6 Personen

ZUTATEN
90 g Butter
1 kg Zwiebeln, in sehr feine
Ringe geschnitten
Salz und Pfeffer
1½ l Gemüsebrühe
2 TL Zucker
¼ l Rotwein
12 Scheiben Baguette
90 g Greyerzer, gerieben

Vor dem Servieren zwei mit Käse überbackene Brotscheiben auf jede Suppenschale legen.

1 In einem großen Topf 60 g Butter erhitzen und die Zwiebeln darin zugedeckt langsam weich werden lassen (ca. 20 Min.), aber nicht bräunen. Mit Salz und Pfeffer würzen. Inzwischen die Brühe auf 2/3 der ursprünglichen Menge einkochen.

2 Die Zwiebeln mit Zucker bestreuen. In einem großen Suppentopf die Zwiebeln auf mittlerer Hitzestufe in ca. 10–12 Min. goldbraun anbraten; ab und zu umrühren. Brühe und Wein zugießen, aufkochen, dann halb zugedeckt 30 Min. köcheln lassen.

3 Den Backofen auf 180° C vorheizen. Brotscheiben mit 30 g zerlassener Butter beidseitig bestreichen, auf ein Backblech legen und hellbraun rösten. Mit dem geriebenen Greyerzer bestreuen und knusprig goldgelb überbacken. Topf vom Herd nehmen.

58 PIZZA MIT ZWIEBELN & GORGONZOLA
Für 6 Personen

ZUTATEN
1½ TL Trockenhefe
250 ml warmes Wasser
250 g Weizenmehl + Mehl für
die Arbeitsplatte
75 g feine Polenta (Maismehl)
und Polenta zum Bestreuen
Salz und Pfeffer
3 EL Olivenöl

Belag
750 g rote Zwiebeln
2 EL Olivenöl
2 TL Zucker
4 EL Rotwein
3 EL Oregano, gerebelt
175 g Gorgonzola

1   Die Hefe in 4 EL Wasser auflösen. Mehl, Maismehl und 1 EL Salz auf eine Arbeitsfläche sieben. In der Mitte eine Mulde eindrücken; das restliche Wasser, 2 EL Öl und Hefe hineingeben. Nach und nach das Mehl mit den Fingern einarbeiten.

2   Zu einem weichen Teig verkneten; noch Mehl zugeben, falls er zu klebrig ist. Auf dem bemehlten Brett 10 Min. kneten, bis er elastisch ist. In eine geölte Schüssel legen und zugedeckt an einem warmen Ort gehen lassen, bis er sich verdoppelt hat (ca. 2 Stunden).

3 Zwiebeln in Scheiben schneiden. In einer Pfanne das Öl erhitzen, Zwiebeln und Zucker dazugeben; mit Salz und Pfeffer würzen. In 5–7 Min. langsam weich dünsten. Den Wein angießen, 1 Min. kochen, dann die Hitze reduzieren, Pfanne mit Alufolie zudecken und einen Deckel darauf geben. Auf kleinster Stufe 20 Min. dünsten. Oregano einrühren. Den Backofen auf 230° C vorheizen. 6 Folienquadrate 23 x 23 cm zuschneiden und mit Maismehl bestreuen.

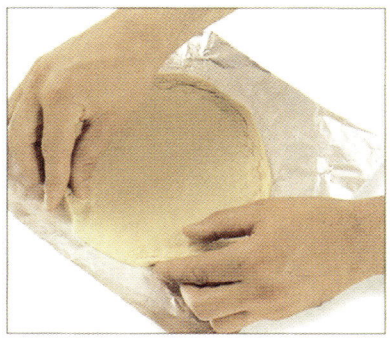

4 Teig nochmals durchkneten, in 6 Stücke teilen und zu 18 cm großen Kreisen ausrollen. Auf die Folie legen und einen Rand bilden. Zwiebeln darauf verteilen. Mit Käse belegen; 15 Min. gehen lassen. Auf der Folie backen, bis die Pizza braun und knusprig ist.

59 KNOBLAUCH SCHÄLEN & HACKEN

Wie Knoblauch schmeckt, hängt davon ab, wie alt und trocken er ist. Junger Knoblauch schmeckt milder.

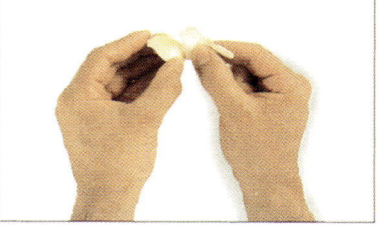

1 Die Knolle in Zehen zerteilen. Zehen mit einer flachen Messerklinge leicht zerdrücken, dann die Haut abziehen.

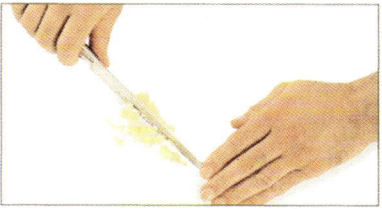

2 Die gehäutete Knoblauchzehe mit der flachen Klinge zerdrücken, dann wie mit einem Wiegemesser fein hacken.

60 KNOBLAUCH RÖSTEN

Knoblauchpüree verleiht Saucen, Suppen und Marinaden das gewisse Etwas. Rösten Sie ganze Knollen bei 180° C im Backofen oder auf dem Grill, bis sie weich sind. Das Fleisch mit dem Messerrücken aus den Zehen drücken und pürieren.

KÜRBISSE, GURKEN & ZUCCHINI

61 BEKANNTE SORTEN

Zur großen Familie der Kürbisgewächse gehören außer den Gurken auch die hartschaligen Winterkürbisse (wie der Riesen- und Butternusskürbis) und die Sommerkürbisse (wie Zucchini und Patty Pan) mit weicher Schale. Alle enthalten viel Vitamin A.

◁ Zucchini
Die Blüten sind essbar (gefüllt oder frittiert)

△ Patty Pan ist ein wohlschmeckender Sommerkürbis.

△ Eichelkürbis
Er zählt zu den Winterkürbissen

Riesenkürbis – Er wird wegen des wohlschmeckenden Fleischs in der Kochkunst sehr geschätzt.

◁ Gurken – Junge Gurken werden oft mit Essig eingelegt

▽ Spaghettikürbis
Er heißt so, weil das Fleisch in „Spaghetti" zerfällt.

△ Gartenkürbis – Er wird meist mit einer Hackfleisch-Kräuter-Mischung gefüllt und langsam gebacken.

△ Butternusskürbis
Hartschaliger Winterkürbis, der geschält und entkernt werden muss.

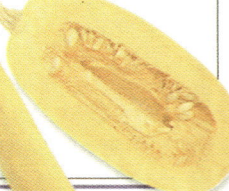

62 KÜRBISSE VORBEREITEN

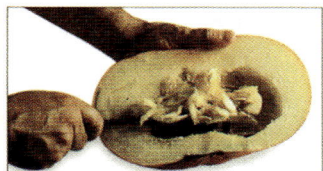

KÜRBISSE IMMER ENTKERNEN

Vor dem Schälen und Entkernen alle Sorten von Winterkürbissen in handliche Stücke schneiden. Mit einem großen Löffel die Kerne samt den bitteren Samenfächern, in denen die Kerne liegen, herausschaben.

63 KÜRBISBROT
Ergibt 2 Laibe

ZUTATEN
Zerlassene Butter für die Formen
375 g Weizenmehl
2 TL Backpulver
1 TL Salz
2 TL Zimtpulver
½ TL Muskatnuss, gemahlen
375 ml Kürbispüree
125 g gehackte Walnüsse
3 Eier, verquirlt
125 ml Öl
200 g Zucker (Raffinade)
100 g brauner Zucker

1 Den Backofen auf 180° C vorheizen. Zwei Kastenformen (20 x 10 cm) mit zerlassener Butter einfetten und mit Mehl bestäuben; umdrehen und überschüssiges Mehl herausklopfen.
2 Mehl, Backpulver, Salz, Zimt und Muskatnuss in eine Schüssel sieben; in der Mitte eine Mulde eindrücken. Kürbis, Nüsse, Eier, Öl und beide Zucker mischen und drei Viertel dieser Kürbismischung in die Mulde gießen.
3 Gut vermischen, dann die restliche Kürbismischung dazugeben und alles zu einem glatten Teig verarbeiten.
4 Teig in die Formen füllen und 55–60 Min. backen, bis sich der Teig seitlich ablöst und ein eingestochener Zahnstocher trocken herauskommt.
5 Leicht abgekühlt auf ein Kuchengitter stürzen und auskühlen lassen.

64 ZUCCHINI- UND MÖHRENBÄNDER

Für 4 Personen

ZUTATEN
250 g große Möhren
250 g mittelgroße Zucchini
Salz und Pfeffer

Pesto
1 zerdrückte Knoblauchzehe
15 g Pinienkerne
3 EL frische Basilikumblätter, gehackt
2 EL geriebener Parmesan
3 EL Olivenöl

IDEAL FÜR DEN SOMMER

1 Für das Pesto alle Zutaten im Mixer zu einer dicken grünen Crème pürieren.
2 Von den Möhren und Zucchini mit einem Gemüse-Sparschäler mit beweglicher Klinge lange, dünne Scheiben abziehen.
3 In einen Topf 1 cm hoch Wasser einfüllen und die Möhrenbänder darin auf mittlerer Hitzestufe 2–3 Min. zugedeckt kochen. Die Zucchinibänder dazugeben und 1–2 Min. weiterkochen. Darauf achten, dass sie nicht verkochen, denn die Zucchinibänder haben eine sehr kurze Garzeit. Topf vom Herd nehmen und in ein Sieb abgießen. Abtropfen lassen.
4 Die Möhren- und Zucchinibänder in einer Schüssel anrichten, 2 EL Pesto dazugeben, salzen und pfeffern. Gut durchmischen, damit sich das Pesto gut auf die Bänder verteilt. Sofort servieren. Falls Pesto übrig bleibt, im Kühlschrank aufbewahren.

65 ZUCCHINI-SCHIFFCHEN

Zucchini eignen sich besonders gut für kräftig gewürzte Füllungen. Mittelgrosse Zucchini der Länge nach halbieren, 3–4 Min. blanchieren *(Tipp 8)* und aushöhlen; einen Rand stehen lassen. Das Fruchtfleisch mit der Füllung vermischen. Die Zucchini füllen und 15 Min. auf mittlerer Hitzestufe überbacken.

ZUCCHINI AUSHÖHLEN

66 GEFÜLLTE ZUCCHINI

Für 4 Personen

ZUTATEN

4 mittelgroße Zucchini, längs halbiert
2 EL Olivenöl
1 Zwiebel, gehackt
2 rote Paprikaschoten, in Würfel geschnitten
2 Knoblauchzehen, fein gehackt
2 EL frischer Thymian, gehackt
45 g gehobelte Mandeln, geröstet
Salz und Pfeffer

1 Den Backofen auf 180° C vorheizen. Die Zucchini 3–4 Min. blanchieren *(Tipp 8)*. Abgießen und auskühlen lassen. Zucchinihälften vorsichtig aushöhlen und in eine gefettete Auflaufform legen. Zucchini-Fruchtfleisch hacken.

2 In einem Topf das Öl erhitzen, Zwiebeln und Paprikawürfel hineingeben und zugedeckt weich dünsten. Knoblauch, Thymian, Zucchinifleisch und Mandeln dazugeben und abschmecken. Die Zucchinihälften füllen und 15 Min. backen.

67 GARTENKÜRBIS VORBEREITEN

So wie Gartenkürbis können auch andere große Kürbisse mit harten Kernen vorbereitet werden. Stielansatz entfernen. In dicke Ringe schneiden, Kerne und Fäden herausschaben.

VOR DEM KOCHEN KÜRBIS IMMER ENTKERNEN

68 ESSIGGURKEN EINLEGEN

1 kg kleine Gurken mit 250 g grobem Salz einsalzen und 24 Stunden stehen lassen. Wasser abgießen, Gurken abwaschen; mit Küchenpapier abtrocknen. Gurken in zwei sterilisierte Einmachgläser legen. Pro Glas 60 g Perlzwiebeln, 3 getrocknete Chilischoten, 3 Thymianzweige, 1 Lorbeerblatt, 2 Stängel Estragon und 3 Gewürznelken dazugeben. Mit Weißweinessig auffüllen, luftdicht verschließen und vor dem Verzehr 4 Wochen im Kühlschrank stehen lassen. Aufbrauchfrist: 3 Monate.

WURZEL-GEMÜSE

69 VERSCHIEDENE SORTEN

Außer den vertrauten Möhren, weißen Rübchen und Rettichen gehören auch weniger bekannte Arten wie Daikon-Rettich und Pastinaken hierher. Sie enthalten viele Kohlenhydrate, Ballaststoffe und Vitamin C. Man gibt sie in kaltes Wasser und lässt sie nach dem Aufkochen nur mehr köcheln, bis sie gar sind.

▽ *Weiße Rübchen isst man am besten jung; sie schmecken dann süß und nussig.*

△ *Kohlrüben kocht man im Winter, bevor sie zu faserig werden.*

▽ *Knollensellerie hat einen milderen Geschmack als Stangensellerie.*

△ *Rote Beten (rote Rüben) gibt es das ganze Jahr über.*

▷ *Schwarzwurzeln sind ein sehr feines Gemüse mit köstlichem Geschmack.*

◁ *Daikon-Rettich (Japanischer Rettich) ist weniger scharf als Meerrettich.*

▷ *Pastinaken haben einen hohen Zuckergehalt und einen süßlichen, nussigen Geschmack.*

GLASIERTES GEMÜSE-ALLERLEI

70 GLASIERTES GEMÜSE

Glasierte Möhren und weiße Rübchen schmecken köstlich. Glasieren Sie jede Gemüsesorte extra, aber servieren Sie alles zusammen. 500 g Gemüse mit 45 g Butter und 1 EL Zucker in einer Pfanne, knapp mit Wasser bedeckt, köcheln lassen, bis die Flüssigkeit fast vollständig verdampft ist. Pfanne schwenken, bis alle Stücke glasiert sind.

71 MÖHREN-QUICHE MIT KARDAMOM

Für 6–8 Personen

ZUTATEN
175 g Mürbeteig
Mehl für die Arbeitsplatte
125 g junge Karotten, in dünne
Scheiben geschnitten
1 ganze grüne Kardamom-
kapsel
1 Ei
125 ml Sahne
Salz und schwarzer Pfeffer

1 Den Teig auf einer leicht bemehlten Arbeitsfläche ausrollen und 6–8 Tortelettförmchen damit auskleiden. Mit Alufolie und Trockenbohnen belegen. Blind backen wie in Tipp 21 beschrieben.
2 Den Backofen auf 160°C vorheizen. Die Möhren mit der Kardamomkapsel und genug Wasser, damit alles bedeckt ist, in einen Topf geben. Das Wasser zum Kochen bringen und die Möhren ca. 2 Min. kochen, bis sie weich sind. Gut abgetropft und getrocknet auf die Förmchen verteilen.
3 Die Kardamomkapsel aufschlitzen, die Samen herausholen und mit dem Ei und der Sahne in einer Schüssel verrühren. Abschmecken. Die Förmchen mit der Kardamom-Mischung füllen und 5–10 Min. backen, bis die Füllung fest ist. Warm oder kalt servieren.

Messer-spitzen-Gartest

72 ROTE BETEN KOCHEN UND SCHÄLEN

Die roten Rüben putzen und abschrubben. Mit Salzwasser knapp bedeckt zum Kochen bringen und ca. 30 Min. kochen, bis sie weich sind (mit einer Messerspitze den Gartest machen). Abgießen und etwas abkühlen lassen, bis man sie anfassen und schälen kann. Rote Beten nie vor dem Kochen schälen, weil die Farbe ausläuft.

73 BORSCHTSCH
Für 8–10 Personen

ZUTATEN
1 kg rote Beten
1,4 kg Weißkohl
60 g Butter
2 Möhren, würfelig geschnitten
2 Zwiebeln, würfelig geschnitten
750 g Tomaten, geschält, entkernt und gehackt
2 l Hühnerbrühe, eventuell mehr
1 TL Zucker
Salz und Pfeffer
2 EL gehackter Dill
2 EL gehackte Petersilie
Saft von 1 Zitrone
2–3 EL Weinessig
125 ml saure Sahne

> BORSCHTSCH *kann im Kühlschrank 2–3 Tage, tiefgekühlt bis zu 3 Monaten aufbewahrt werden. Er schmeckt aufgewärmt immer besser.*

1 Rote Beten kochen und schälen *(Tipp 72)*. Auf einen Teller raspeln. Den Kohlkopf halbieren, den Strunk entfernen, dann den Kohl hobeln oder in dünne Streifen schneiden. Dicke Rippen entfernen.
2 Die Butter in einem großen Topf zerlassen, Möhren und Zwiebeln hineingeben und weich dünsten (3–5 Min.), aber nicht bräunen.
3 Weißkohl, rote Beten, Tomaten, Brühe und Zucker in den Topf geben. Salzen und pfeffern, dann zum Kochen bringen. 45–60 Min. köcheln lassen, abschmecken und noch Brühe angießen, falls die Suppe zu dick ist.
4 Gehackte Kräuter, Zitronensaft und Essig einrühren und abschmecken. Den Borschtsch in einer vorgewärmten Terrine mit der sauren Sahne obendrauf servieren.

74 SELLERIE-ROHKOST MIT ROTEN BETEN

Für 6 Personen

ZUTATEN
3 EL Apfelessig
1 TL Zucker
2 TL Kümmelkörner
Salz und Pfeffer
75 ml Öl
500 g rote Beten
750 g Knollensellerie
175 ml Mayonnaise
2 EL Meerrettichsauce

1 Für die Salatsauce Essig, Zucker, Kümmel, Salz, Pfeffer und Öl mit dem Schneebesen in einer Schüssel zu einer sämigen Sauce verrühren. Rote Beten kochen und schälen *(Tipp 72)*, dann grob raspeln.

2 Geraspelte rote Beten in das Dressing geben, mischen und abschmecken. Zugedeckt 1 Stunde kalt stellen. Sellerie schälen, dünn in senkrechte Scheiben schneiden, dann in ganz feine, gleichmäßige Streifen.

3 Mayonnaise und Meerrettich in eine Schüssel geben. Würzen. Sellerie hineingeben, mischen und zugedeckt 1 Stunde kalt stellen. Auf einer Platte in Streifen abwechselnd mit roter Bete anrichten.

75 SELLERIEPÜREE

500 g Sellerie und 250 g Kartoffeln schälen, in Stücke schneiden und in kochendem Wasser garen. Abgießen, 15 g Butter dazugeben und mit dem Kartoffelstampfer pürieren. Eventuell etwas Milch oder Sahne dazugeben. Abschmecken.

76 GERÖSTETES WURZELGEMÜSE

Je 750 g Kartoffeln, Pastinaken, Knollensellerie und Möhren in Stücke schneiden und mit 6 EL Öl in ein tiefes Backblech geben. Im Öl wenden. Im heißen Backofen ca. 40 Min. rösten, bis alles gar und knusprig ist.

KNOLLENGEMÜSE

77 VIELFALT DER SORTEN

Knollengemüse sind gute Quellen für Mineralstoffe und Vitamine der B-Gruppe. Viele dieser Nährstoffe sitzen in oder unmittelbar unter der Schale. Da sich aber auch Unkrautvernichtungsmittel und andere Chemikalien in der Schale ansammeln, ist es sicherer, diese Knollen vor dem Verzehr zu schälen, wenn sie nicht aus ökologischem Anbau stammen.

△ Folienkartoffeln können mit der Schale verzehrt werden, wenn sie aus ökologischem Anbau stammen

▷ Kartoffeln unterteilt man in fest kochende, vorwiegend fest kochende und mehlig kochende Sorten.

▷ Topinamburs oder Erdartischocken riechen süßlich. Die Knollen müssen geschält werden.

▷ Weiße Süßkartoffeln oder Bataten kann man kochen, backen, pürieren oder frittieren.

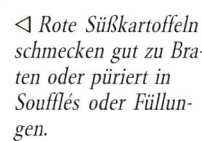

◁ Rote Süßkartoffeln schmecken gut zu Braten oder püriert in Soufflés oder Füllungen.

◁ Yams sind sehr stärkehältige Knollen und können wie Kartoffeln gekocht werden.

◁ Rote Kartoffeln können fest kochend oder mehlig sein. Erstere eignen sich bestens für Salate.

78 TOPINAMBUR-SUPPE

500 g Topinamburs waschen, schälen, in Würfel schneiden und mit Zitronensaft beträufeln. 1 EL Öl in einem großen Topf erhitzen, 1 gehackte Zwiebel hineingeben und 5 Min. zugedeckt darin anbraten. Topinamburs dazugeben, umrühren und zugedeckt 5–10 Min. anbraten. 1 l Gemüsebrühe angießen und in ca. 15 Min. auf kleiner Hitzestufe weich kochen. Suppe im Mixer pürieren, dann zurück in den Topf geben und erhitzen. Mit Salz, Pfeffer und Muskatnuss abschmecken. Vor dem Anrichten mit 150 ml Sahne verfeinern.

79 PRAKTISCH: DER GEMÜSEHOBEL

Ein Gemüsehobel mit verstellbarer Klinge schneidet Gemüse in dicke oder dünne Scheiben, zum Beispiel Kartoffeln in dünne Chips oder andere Formen zum Frittieren *(Tipp 80)*.

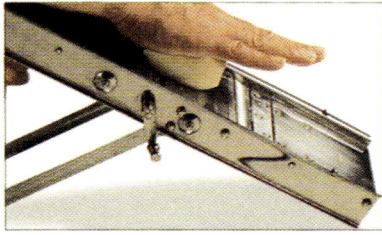

KLINGE AUF GEWÜNSCHTE DICKE EINSTELLEN

80 FÜR DIE FRITTEUSE: 6 KARTOFFELFORMEN

Die Kartoffelstücke sollten immer gleich dick und gleich lang sein. Zum Schutz vor Verfärbung in Wasser einlegen, dann auf Küchenpapier sorgfältig abtrocknen und bei 190° C frittieren.

△ POMMES FRITES (4–5 MIN.)

△ DICKE CHIPS (4–5 MIN.)

△ STROHKARTOFFELN (2–3 MIN.)

△ GERIFFELTE CHIPS (2-3 MIN.)

△ GLATTE CHIPS (2-3 MIN.)

△ STICKS (3–4 MIN.)

81 SELBST GEMACHTES KARTOFFELPÜREE

Mehlige Kartoffeln dafür nehmen, schälen und kochen, dann gut abtropfen lassen. Mit einem Kartoffelstampfer oder Handmixer pürieren, aber nicht in der Küchenmaschine, sonst wird das Püree glitschig. Auf 750 g Kartoffel 125–175 ml heiße Milch einrühren, um eine luftige Konsistenz zu erreichen. 90 g Butter dazugeben. Nach Belieben würzen.

82 ORIENT-KARTOFFELN

Für 4 Personen

ZUTATEN
2 EL Erdnussöl
1 gehackte Zwiebel
2 gehackte Knoblauchzehen
2 TL Kreuzkümmelpulver
2 TL Korianderpulver
½ TL Kurkuma
¼ TL Cayennepfeffer
750 g fest kochende Kartoffeln, geschält und in Würfel geschnitten
Salz und Pfeffer
1 TL Garam Masala (indische Würzmischung)
2–4 EL Korianderblätter, gehackt

1 In einem Topf das Öl erhitzen und die Zwiebel darin zugedeckt in 5 Min. glasig dünsten.
2 Knoblauch, Kreuzkümmel, Koriander, Kurkuma und Cayennepfeffer dazugeben und 2 Min. unter Rühren mitdünsten.
3 Die Kartoffeln dazugeben und gut durchmischen. 1 TL Salz und 150 ml Wasser einrühren, zum Kochen bringen und zugedeckt bei geringer Hitze 10–15 Min. kochen, bis fast die gesamte Flüssigkeit verdampft ist und die Kartoffeln gar sind.
4 Garam Masala darunter rühren. Abschmecken, eventuell mit Cayennepfeffer nachwürzen. Kartoffeln mit Korianderblättchen bestreut warm oder kühl servieren.

83 KARTOFFELNOCKEN MIT SPINAT
Für 8 Personen

ZUTATEN

1 kg Kartoffeln, geschält
250 g frischer Blattspinat
125 g Mehl + Mehl für die
Arbeitsplatte

Tomatensauce

45 g Butter und Butter für
die Form
1 kleine Zwiebel, gehackt
1 Möhre, würfelig geschnitten
1 Stange Staudensellerie,
fein geschnitten
1,4 kg Tomaten, geschält
und entkernt
Salz und Pfeffer
250 ml Crème double oder
Schlagsahne
1 EL gehackte Petersilie

1 Für die Sauce Butter in einer Pfanne zerlassen. Zwiebel, Möhre und Sellerie darin ca. 10 Min. anbraten. Die Tomaten zerkleinern und in die Pfanne geben, würzen, dann 25–35 Min. unter Rühren köcheln lassen, bis die Mischung dick wird. Im Mixer pürieren.

2 Tomaten weich kochen, gut abtropfen lassen, wieder in den Topf geben und mit dem Stampfer pürieren. Spinat 2 Min. in kochendes Wasser legen, abgießen und ausdrücken, dann fein hacken. Mit dem Mehl und den Kartoffeln zu einem Teig verarbeiten und würzen.

4 Den Backofen auf 220° C vorheizen. Sauce aufwärmen, die Sahne einrühren, abschmecken und über die Nocken verteilen. 5–7 Minuten backen. Mit gehackter Petersilie garnieren.

3 Den Teig auf einer bemehlten Arbeitsplatte kräftig kneten, in 12 Stücke teilen und aus jedem Stück eine lange Rolle formen. Rolle quer in 2 cm lange Stücke teilen. Die Nocken portionsweise 2 Min. in Wasser kochen und gut abgetropft in eine gefettete Auflaufform legen.

84 GEMÜSEGRATINS

Gratinieren heißt, dass vorgegartes Gemüse mit einer Käse- oder Béchamelsauce überzogen und dann in einer flachen Auflaufform mit geriebenem Käse oder Bröseln goldgelb überbacken wird. Nach Belieben noch unter dem Grill bräunen, wenn die Käsekruste knusprig sein soll.

Besonders gut mit Käsekruste

85 KARTOFFELGRATIN
Für 8 Personen

ZUTATEN
750 g fest kochende Kartoffeln
600 ml Milch
1 Prise gemahlene Muskatnuss
Salz und Pfeffer
300 ml Crème double oder Schlagsahne
45 g Greyerzer, gerieben
1 Knoblauchzehe in 2 Hälften
zerlassene Butter für die Form

1 Kartoffeln in 3 mm dicke Scheiden schneiden. In einem großen Topf Milch zum Kochen bringen, Muskatnuss dazugeben und würzen. Kartoffeln dazugeben und 10 Min. kochen.

2 Abgießen, in den Topf zurück geben und die Sahne dazu. 10–15 Min. köcheln lassen. Eine flache Auflaufform mit den Knoblauchhälften einreiben und mit zerlassener Butter bestreichen.

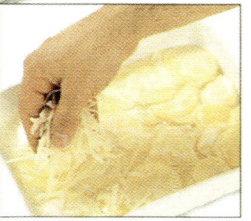

3 Backofen auf 190° C vorheizen. Die Kartoffeln in die Form einschichten, jeweils Sahne zwischen 2 Lagen gießen. Mit Käse bestreuen. Goldbraun backen (20–25 Minuten).

STANGEN-GEMÜSE

86 VERSCHIEDENE SORTEN

Stängelgemüse sind sehr ballaststoffreich und haben meist kurze Garzeiten. Schnittstellen verfärben sich oft rasch. Wenn sie nicht gleich nach dem Putzen verwendet werden, am besten bis zum Kochen in Zitronenwasser einlegen, so dass sie vollständig bedeckt sind.

▷ *Chicorée hat einen dicken weißen Kopf. Kochen mildert den bitteren Geschmack.*

▷ *Artischocken können ganz gekocht oder gefüllt und gebacken werden.*

◁ *Staudensellerie wird am besten geschmort und gerne für Suppen und Schmortöpfe verwendet.*

▷ *Grüner Spargel muss – im Gegensatz zu weißem – vor dem Kochen nicht geschält werden.*

△ *Fenchel schmeckt leicht nach Anis. Überbacken oder geröstet ist er köstlich.*

▷ *Weißer Spargel wird gestochen, bevor die Köpfe aus dem Boden herausragen.*

SCHALEN MITKOCHEN

87 SPARGEL VORBEREITEN

Mit einem Spar- oder Spargelschäler die äußere Schale vom Kopf bis zum Ende dünn abschälen. Nach unten dicker schälen. Das holzige Ende abschneiden. Wenn die Spargelstangen jung und dünn sind, ist oft das Schälen überflüssig. Vor dem Kochen portionsweise mit Küchengarn zusammenbinden.

88 SPARGEL IM BLUMENBETT
Für 4 Personen

ZUTATEN
1 Packung Filloteig
zerlassene Butter für
die Form
24 Spargelspitzen
Sauce Hollandaise
2 EL Weißweinessig
250 g Butter
2 große Eigelbe
Salz und Pfeffer

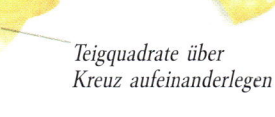

*Teigquadrate über
Kreuz aufeinanderlegen*

1 Für die Sauce den Essig mit 3 EL Wasser kochen, bis nur mehr 1 EL übrig ist. Auskühlen lassen. Die Butter in einem Tiegel zerlassen. Die Eigelbe und den Essig in den Mixer füllen und gründlich mixen, bis sie sich verbinden. In den laufenden Mixer langsam die Butter dazugeben – erst tröpfeln, dann schneller. Abschmecken und im Wasserbad warm halten.
2 Den Backofen auf 200° C vorheizen. Ein Muffinblech mit 12 Vertiefungen nehmen und für jede Vertiefung 2 Teigquadrate ausschneiden, die etwas größer sind. Jede Vertiefung mit zerlassener

Butter bestreichen. Ein Teigquadrat hineingeben, dann das andere um 90° gedreht darauf legen. Wieder mit Butter bepinseln. In ca. 5 Min. knusprig backen. Herausnehmen und auskühlen lassen.
3 Den Spargel weich kochen und auskühlen lassen. Die Teigblumen auf eine Platte stellen, mit der Sauce füllen und je 2 Spargelspitzen darauf legen.

FILLOTEIG (FERTIGPRODUKT; BEI GRIECHEN)
Immer nur ein Blatt aus der Packung nehmen, weil der Teig schnell austrocknet und brüchig wird. Restliche Teigblätter mit einem feuchten Tuch bedecken.

89 SPARGELROULADE

Für 6 Personen

ZUTATEN

Butter & geriebener Parmesan zum Bestreuen des Backblechs
175 g Quark
150 ml Sahne
4 Eier, getrennt
200 g Greyerzer Käse
3 EL gehackten Kerbel und Petersilie, gemischt
Salz und Pfeffer
400 g Spargelspitzen

ROULADE AUFROLLEN

An einer der kurzen Seiten beginnen. Mithilfe der Backpapier-Unterlage die Unterseite der Roulade beim Rollen anheben. Roulade mit der Naht unten auf einer Platte anrichten, damit sie nicht aufgeht.

1 Den Backofen auf 200° C vorheizen. Ein Backblech mit Rand mit Backpapier auslegen, buttern und mit Parmesan bestreuen.

2 In einer Schüssel 60 g Quark mit der Sahne glatt rühren. Die Eigelbe nacheinander einrühren, dann den Greyerzer und die Kräuter. Abschmecken.

3 Die Eiweiße zu steifem Schnee schlagen und unter die Käsemischung ziehen. Das Gemisch auf das Backblech gießen, die Oberfläche glatt streichen. Backen, bis der Teig aufgegangen, fest und in der Mitte elastisch ist. Auf mit Parmesan bestreutes Backpapier stürzen und das Papier oben abziehen.

4 Den Spargel weich kochen. Den übrigen Quark mit etwas Wasser verrühren und auf die Roulade streichen. Den Spargel in Reihen darauf legen, an einer kurzen Seite beginnen. Roulade von der kurzen Seite her aufrollen, aufschneiden und sofort servieren.

90 GERÖSTETER FENCHEL ODER CHICORÉE

Den Backofen auf 230° C vorheizen. Das Fenchelgrün kürzen, Knollen längs vierteln. Chicoree ganz lassen, aber das Wurzelende wegschneiden. Gemüse in ein Backblech mit Rand legen und mit Öl bestreichen. 20 Minuten rösten. Hitze auf 180° C herunterschalten, Gemüse wenden, wieder mit Öl bestreichen und weitere 15–20 Min. rösten, bis alles leicht gebräunt und weich ist. Würzen. Heiß oder kalt servieren.

LÄNGS VIERTELN

91 ARTISCHOCKEN VORBEREITEN

Artischocken werden in Wasser 30–45 Min. weich gekocht und im Ganzen mit zerlassener Butter oder einer Sauce serviert. Man kann aber auch das „Heu" vor oder nach dem Kochen herausschneiden und die Artischocken mit einer Farce oder Sauce füllen.

1 Den Stiel fest umfassen und mit einem Ruck so abbrechen, dass die Fasern mit dem Stielansatz herausgezogen werden.

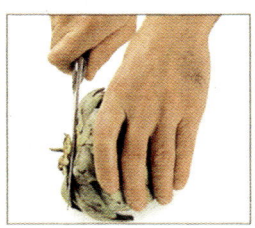

2 Mit einem scharfen Messer die Unterseite so abschneiden, dass die Artischocke flach aufliegt. Schnittflächen mit Zitrone einreiben.

3 Mit der Küchenschere die stacheligen, harten äußeren Blätter bis auf die unteren zwei Drittel der Artischocke abschneiden.

4 Mit einem Messer das obere Drittel der Artischocke parallel zur Unterseite abschneiden. Mit Zitronensaft einreiben.

92 ARTISCHOCKEN ALLA ROMANA
Für 6 Personen

ZUTATEN
6 junge Artischocken
3 Zitronen (1 in Scheiben, 2 in Hälften)
10 frische Pfefferminzstängel
6 Knoblauchzehen, fein gehackt
1 Bund glatte Petersilie, fein gehackt
Salz und Pfeffer
125 ml Olivenöl

1. Artischocken vorbereiten *(Tipp 91)* und die Stiele schälen. In der Mitte aushöhlen, das „Heu" herauskratzen. Innen und außen mit 3 Zitronenhälften ausreiben. 8 Minzstängel hacken. Aus Knoblauch, Petersilie und gehackter Minze die Füllung mischen. Würzen.

2. In jede Artischocke 2–3 TL der Füllung geben. Artischocken mit dem Stiel nach oben in einen großen Topf legen. Restliche Füllung darüber streuen und mit Öl beträufeln. Würzen. Mit Wasser aufgießen und zum Kochen bringen. Zugedeckt 30–45 Min. garen.

3. Die Artischocken auf einer Platte anrichten. Kochwasser auf 250 ml einkochen. Saft der ½ Zitrone in den Topf gießen, Artischocken damit übergießen. Mit Zitronenscheiben und Minzblättchen garnieren.

93 GEFÜLLTE ARTISCHOCKEN
Für 4 Personen

ZUTATEN

4 große Artischocken
½ Zitrone
45 g Butter
3 Zwiebeln, fein gehackt
6 Knoblauchzehen, fein gehackt
250 g Champignons, fein gehackt
250 g Parmaschinken, in Streifen
2 Sardellenfilets, fein gehackt
175 g entsteinte schwarze Oliven, gehackt
Salz und Pfeffer

4 Scheiben altbackenes Weißbrot
2–3 Stiele Thymian, gehackt
1 Prise Piment (Nelkenpfeffer)
250 ml Weißwein

Paprikasauce

750 g rote Paprikaschoten
2 EL Olivenöl
500 g geschälte, gehackte Tomaten
1 Knoblauchzehe, gehackt
2 Frühlingszwiebeln, gehackt
3 EL gehacktes Basilikum und 4 Stängel

1 Artischocken vorbereiten (*Tipp 91*); Schnittflächen mit der Zitronenhälfte einreiben. In einem großen Topf mit Salzwasser 25–30 Min. kochen, bis sie weich sind und man die untersten Blätter leicht herausziehen kann. Umgedreht abtropfen und auskühlen lassen, dann die inneren Blätter und das „Heu" mit einem Teelöffel entfernen.

2 Für die Füllung Butter in einer Pfanne zerlassen, Zwiebel und Knoblauch dazugeben und glasig dünsten, aber nicht bräunen. Champignons, Parmaschinken, Sardellen und Oliven dazugeben, dann vom Herd nehmen. Würzen. Weißbrot in der Küchenmaschine zu Bröseln reiben; mit Thymian und Piment vermischen.

3 Den Backofen auf 180° C vorheizen. Artischocken füllen, dann einzeln mit Küchengarn umwickeln, damit die Blätter nicht auseinander fallen. In einen Bräter geben und den Wein angießen. Kochen, bis der Wein auf die Hälfte eingekocht ist, dann mit Wasser bis zur halben Höhe der Artischocken aufgießen.

5 Für die Sauce die Paprikaschoten grillen und entkernen *(Tipp 38)*, dann in Stücke schneiden. Das Olivenöl in einer Pfanne erhitzen. Paprikaschoten, Tomaten, Knoblauch, Frühlingszwiebeln und gehacktes Basilikum dazugeben. Unter Rühren dick werden lassen. Kurz im Mixer pürieren. Abschmecken.

4 Artischocken zugedeckt noch einmal aufkochen lassen, dann im Backofen 40–50 Min. garen, bis man die Blätter leicht ganz herausziehen kann. Gelegentlich beschöpfen. Vor dem Servieren das Küchengarn entfernen. Mit Basilikum garnieren. Dazu rote Paprikasauce reichen (Schritt 5, siehe Abbildung rechts oben).

SPEISEPILZE

94 KULTURPILZE

Pilze geben vielen Gerichten ein köstliches, erdiges Aroma und einen feine Konsistenz. Außerdem enthalten Sie große Mengen Vitamin A und D. Wenn Sie zu feucht sind, werden sie schnell unansehnlich. Nicht in Plastikfolie einschlagen, sondern in eine Papiertüte wickeln und 3–4 Tage im Kühlschrank aufbewahren.

▷ *Shiitake sind Speisepilze aus China mit intensivem Geschmack.*

◁ *Austernpilze sind mild im Geschmack und von ledriger Konsistenz.*

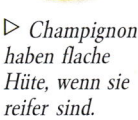

▷ *Champignons haben flache Hüte, wenn sie reifer sind.*

◁ *Kulturchampignons kommen mit geschlossenem oder offenem Hut in den Handel.*

95 WILD WACHSENDE PILZE

Sie haben einen kräftigeren und charakteristischer Geschmack als Kulturpilze. Manche Lebensmittelgeschäfte bieten heute oft auch Speisepilze der Saison an. Wenn Sie selbst Pilze sammeln, sollten Sie diese erst nach Begutachtung durch eine Pilzberatungsstelle essen, denn Giftpilze sehen oft essbaren sehr ähnlich.

▷ *Pfifferlinge sind wegen ihres feinen Aromas sehr gefragt.*

◁ *Schwefelporlinge sind nur essbar, wenn sie ganz jung und gekocht sind. Roh und alt sind sie giftig!*

Steinpilze ▷ *mit ihrem charakteristischen Duft und Geschmack gibt es auch getrocknet zu kaufen.*

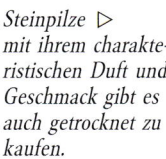

96 TRÜFFEL

Trüffeln wachsen nur in der Nähe von Eichen und werden im Herbst gesammelt. Frische Trüffeln sind eine Delikatesse und haben einen ganz typischen Geschmack. Sie sind aber teuer und nicht leicht zu finden. Ihr unvergleichliches Aroma entfalten sie am besten, wenn sie frisch gerieben in einfache Gerichte wie Salat, Nudeln und Omeletten gegeben werden, aber sie verfeinern auch Füllungen und Pasteten.

◁ *Périgord-Trüffeln aus Frankreich sind wegen ihres exquisiten Aromas am meisten gefragt.*

◁ *Weiße Trüffeln aus dem Piemont (Italien) haben eine leicht pfefferähnliche Note im Aroma und Geschmack.*

97 PILZE VORBEREITEN

Schadhafte Stellen und Stielenden abschneiden, bei selbst gesammelten alle holzigen Teile entfernen. Pilze brauchen nicht geschält werden. Mit einem feuchten Tuch alle Erdreste abreiben oder bürsten, aber nicht waschen, weil sie sich leicht mit Wasser voll saugen. Sehr sandige Pilze kurz im Sieb abbrausen, abtropfen lassen und vorsichtig trockentupfen.

98 CHAMPIGNONS AUF GRIECHISCHE ART

Für 4 Personen

ZUTATEN
3 EL Olivenöl
20 Baby- oder Perlzwiebeln
125 ml Weißwein
300 ml Hühnerbrühe
250 g Tomaten, geschält und gehackt
1 EL Tomatenmark
Saft von ½ Zitrone
1 EL schwarze Pfefferkörner
2 EL Koriandersamen
½ TL getrockneter Thymian
Salz und Pfeffer
750 g kleine Champignons

1 Öl in einem Topf erhitzen, die Zwiebeln hineingeben und 2–3 Min. dünsten. Alle anderen Zutaten bis auf die Champignons dazugeben und zum Kochen bringen. Champignons dazugeben und bei starker Hitze 15–20 Min. kochen, bis die Flüssigkeit fast verdunstet ist.
2 Auskühlen lassen, dann nach Belieben abschmecken. Vor dem Servieren kalt stellen.

99 GEFÜLLTE SHIITAKE
Für 4 Personen

ZUTATEN
350 g mittelgroße bis große Shiitake
60 g Butter + Butter für das Blech
1 Zwiebel, fein gehackt
1 EL Zitronensaft
125 g Schinken, fein gehackt
60 g Semmelbrösel
2 EL gehackte Petersilie
Salz und Pfeffer

1 Den Backofen auf 180° C vorheizen. Die Stiele der Shiitake-Pilze abschneiden und mit 2 Hüten hacken.
2 In einer Pfanne die Butter zerlassen und die Zwiebel darin glasig dünsten. Die Pilze und den Zitronensaft einrühren und 3–5 Min. dünsten.
3 Topf vom Herd nehmen. Schinken, Brösel und Petersilie untermischen und würzen. Füllung löffelweise auf die Pilzhüte setzen; in eine gebutterte Auflaufform legen und 10–15 Min. überbacken.

100 SALAT MIT WALDPILZEN
Für 4 Personen

ZUTATEN
125g Frisée-Salatblätter, fein zerzupft
1 kleiner Radicchio, in Blätter geteilt
75 g Rucola, in Stücke geschnitten
375 g gemischte Pilze wie Pfifferlinge,
Steinpilze und Austernpilze
45 g Butter
2 Schalotten, würfelig geschnitten
1 kleiner Bund Petersilie, fein gehackt
Vignaigrette-Salatsauce

1 Salat- und Rucolablätter mischen. Pilze putzen, Stiele und harte Teile abschneiden, und Pilze in gleich große Stücke schneiden.
2 In einer Pfanne die Butter zerlassen, die Schalotten dazugeben und in ca. 2–3 Min. weich dünsten. Pilze dazugeben. Unter Rühren Pilze 2–3 Min. anbraten, bis sie weich sind und die Kochflüssigkeit verdunstet ist. Petersilie einrühren.
3 Salatblätter und Vinaigrette mischen. Auf 4 Tellern anrichten und die Pilze darauf verteilen.

101 Überbackene Polenta mit Pilzen
Für 4 Personen

Zutaten
1 ½ l Wasser
1 EL Salz
275 g Polenta (Maisgrieß)
3 EL Olivenöl und Öl für die Form
250 g wild wachsende Pilze, geputzt und geschnitten
3 Knoblauchzehen, fein gehackt
3 Zweige frische Thymianblätter, gehackt
125 ml trockener Weißwein
250 ml Gemüsebrühe
4 EL Schlagsahne
Salz und Pfeffer
250 g Fontina-Käse, in Scheiben geschnitten

1 Zwei Backbleche mit kaltem Wasser bespritzen. In einem großen Topf Wasser und Salz zum Kochen bringen, die Polenta langsam einrühren und unter ständigem Rühren auf mittlerer Hitzestufe 10–15 Min. kochen, bis sie weich und klumpenfrei ist. Gleichmäßig dick auf die Backbleche streichen und kalt stellen.

2 In einer Pfanne das Öl erhitzen; Pilze, Knoblauch und Thymian dazugeben und kochen, bis die Pilze weich sind und die Kochflüssigkeit verdunstet ist (ca. 7 Min.). Wein angießen und 2–3 Min. köcheln lassen, bis der Wein auf ca. ½ eingekocht ist. Sahne einrühren und Gemisch eindicken lassen. Würzen.

3 Backofen auf 220° C vorheizen. Polenta in zwei Rechtecke schneiden und die Hälfte davon in eine geölte Auflaufform legen. Die Hälfte der Pilzmischung darauf verteilen und die Hälfte der Käsesscheiben darauf legen. Die restlichen Pilze darauf geben. Mit den Polenta-Abschnitten und Käse belegen und 20–25 Min. überbacken.

REGISTER

ZUSÄTZLICHE REZEPTE VON ANNE WILLAN

Tipp 13 *Bunter Gemüsecurry;* Tipp 14 *Thai-Gemüse im Wok;*
Tipp 21 *Brokkoli-Champignon-Quiche;* Tipp 27 *Wirsing mit Kastanien-
füllung;* Tipp 29 *Mangold-Crêpes;* Tipp 31 *Spinat-Timbales;*
Tipp 57 *Französische Zwiebelsuppe;* Tipp 58 *Pizza mit Zwiebeln &
Gorgonzola;* Tipp 63 *Kürbisbrot;* Tipp 73 *Borschtsch;* Tipp 74 *Sellerie-
Rohkost mit roten Beten;* Tipp 83 *Kartoffelnocken mit Spinat;*
Tipp 85 *Kartoffelgratin;* Tipp 92 *Artischocken alla Romana;*
Tipp 93 *Gefüllte Artischocken;* Tipp 98 *Champignons auf griechische
Art;* Tipp 99 *Gefüllte Shiitake;* Tipp 100 *Salat mit Waldpilzen;*
Tipp 101 *Überbackene Polenta mit Pilzen.*